Bangkok

Roland Dusik

Diese Symbole im Buch verweisen auf den großen Cityplan!

DUMONT
direkt

Sawat-dee – Willkommen

Mein heimliches Wahrzeichen 4
Erste Orientierung 6
Schlaglichter und Impressionen 8
Geschichte, Gegenwart, Zukunft 14
Reiseinfos von A bis Z 16

15 x Bangkok direkt erleben

1| **Ein königliches Ensemble – Wat Phra Kaeo und Grand Palace** 28
Hinter den weißen Mauern des Palastgeländes betritt der Besucher noch einmal das prächtige, goldglänzende Königreich Siam.

2| **Oasen der Ruhe – Tempel rings um den Sanam Luang** 32
Die prunkvollen, buddhistischen Tempel sind Orte der Stille und Einkehr.

3| **Der Tempel des Ruhenden Buddha – Wat Pho** 36
Im Wat Pho kann man sich nicht nur von dem monumentalen Ruhenden Buddha beeindrucken, sondern auch kräftig massieren lassen.

4| **Die Thai kennenlernen – das Museum of Siam** 38
Wer sind die Thailänder, und was ist typisch thailändisch?

5| **Entdeckungsfahrt auf den Khlongs von Thonburi** 40
Mit dem Boot geht es durch die idyllischen Kanäle der Schwesterstadt Bangkoks, vorbei an Tempeln, Garküchen und schwimmenden Märkten.

6| **Ein Tempel der Kunst – das Nationalmuseum** 44
Großartige Exponate dokumentieren die thailändische Kunstgeschichte.

7| **Auf den Spuren von König Chulalongkorn – Dusit** 46
Der fünfte Rama reformierte nicht nur das Königreich, er liebte auch die westliche Architektur, die er mit der Thai-Kultur zu vermischen verstand.

8| **Hindu-Tempel und indische Märkte – in Bangkoks Little India** 50
Ein kleiner Ausflug nach Indien, mitten in Bangkok.

9| **Tempel, Theater und Märkte – ein Streifzug durch Chinatown** 52
Zwischen Hausaltären und taoistischen Tempeln, einstigen Opiumhöhlen und Goldgeschäften entfaltet sich eine eigenständige chinesische Kultur.

10| **Das ›koloniale‹ Bangkok – an der Thanon Charoen Krung** 56
Neorenaissance, Neogotik und englischer Kolonialstil – auch die Europäer haben in der Hauptstadt architektonische Spuren hinterlassen.

11| **Bangkoks grüne Lunge – der Lumpini Park** 58
Ein Ort, an dem man im Bangkoker Chaos Luft schnappen und zur Ruhe kommen, Sport treiben und picknicken kann.

12| **Shopping und Sightseeing – ein Bummel um den Siam Square** 60
Die elegant-futuristischen Shopping-Center sind ein Einkaufs-Eldorado.
13| **Ein Ort der Stille und des Stils – das Jim Thompson House** 63
In einem herrlichen Teakholzpalast hortete Jim Thompson Antiquitäten.
14| **Ein Fest für die Sinne – der Chatuchak Weekend Market** 66
Auf dem riesigen Markt kann man beinahe alles erstehen.
15| **Mehr als Go-go-Bars – Bangkok by night** 69
Das nächtliche Bangkok ist mehr als ein verruchter Sündenpfuhl; wie in anderen Großstädten wird auch dort in Clubs und Bars schlicht gefeiert.

Noch mehr Bangkok 72
Gebäude, Ensembles 72 Tempel 73 Museen 74 Parks und Gärten 74

Ausflüge 76
Bang Pa-In und Ayutthaya 76 Ancient City und Crocodile Farm 78 Damnoen Saduak (Floating Market) 79 Rose Garden & Country Resort 79 Buffalo Village 80 Pattaya 81

Zu Gast in Bangkok

Übernachten 86
Günstig und nett 87 Stilvoll wohnen 88
Essen und Trinken 90
Cafés 91 Gourmet-Lokale 91 Gut und günstig 93 Royal Thai Cuisine 94 Seafood 95 Szene und Ambiente 96 Thai Style Nouvelle Cuisine 97 Vegetarisch 97
Einkaufen 98
Antiquitäten 99 Bücher 99 Computer und Zubehör 99 Geschenke, Souvenirs und Design 99 Märkte und Straßenmärkte 100 Mode und Accessoires 102 Schmuck 103 Seide 103
Ausgehen – abends und nachts 104
Bars und Kneipen 105 Diskotheken 106 Jazz 108 Kabarett 108 Musik-Pubs 108 Schwul und lesbisch 109 Kinos 109 Theater 110 Thai-Boxen 111

Sprachführer 112
Kulinarisches Lexikon 114
Register 116
Autor, Abbildungsnachweis, Impressum 120

Sawat-dee – Willkommen
Mein heimliches Wahrzeichen

Im Schnittwinkel von Thanon Ploenchit und Thanon Ratchadamri mischt sich der Duft von Räucherstäbchen mit Abgasgestank, schwingt Thai-Musik zwischen dem Motorenlärm. Die grazilen Tänzerinnen in ihren Prunktrachten sind keine Halluzination: Ihre Anmut ist ein Stück Bangkoker Wirklichkeit. Zu jeder Zeit pilgern Bauarbeiter und Bankdirektoren zum Erawan Shrine, Barmädchen knien hier neben Hausfrauen. Als öffentlicher Wallfahrtsort ist der kleine Tempel ein Symbol des ›Volks‹-Buddhismus, einer Religion für alle Fälle, die viel zu den Merkmalen des Landes beiträgt: zu jener Leichtigkeit des Daseins, die beschwingt und milde stimmt, und zu jener Generosität und Freundlichkeit der Thailänder.

Erste Orientierung

Überblick

Die meisten Besucher kommen an Bangkoks Suvarnabhumi Airport an, dem wichtigsten Eingangstor nach Thailand. Der auf einer Hochbahntrasse verkehrende Sky Train sorgt für eine gute Verkehrsanbindung an die City. Auf eine durchdachte Stadtplanung – jahrhundertelang Merkmal der Thai-Kultur – legte man während des Wirtschaftsbooms keinen Wert. So gibt es in Bangkok auch kein eigentliches Zentrum und keine klare Trennung zwischen Geschäfts- und Wohngebieten.

Rattanakosin und Sao Ching Cha

Ein wichtiger Orientierungspunkt ist der Sanam Luang in **Rattanakosin** (▶ C/D 4), der Altstadt an der Biegung des Mae Nam Chao Phraya. Um den ›Platz der Könige‹ gruppieren sich die bedeutendsten kulturellen Attraktionen von Bangkok: der Grand Palace und der Königstempel Wat Phra Kaeo sowie das Nationalmuseum und die Tempelanlagen Wat Pho und Wat Mahathat. Mit der Fähre ist der Wat Arun, der ›Tempel der Morgenröte‹, auf dem jenseitigen Flussufer leicht zu erreichen. Einen kurzen Spaziergang entfernt liegt das historische Viertel um die ›Große Schaukel‹, **Sao Ching Cha** (▶ D/E 4).

Banglamphoo und Dusit

Das nördlich an die Altstadt angrenzende Markt- und Geschäftsviertel **Banglamphoo** (▶ C/D 3) mit dem Tempel Wat Bowonniwet hat sich zum Traveller-Zentrum von Bangkok entwickelt. Rucksacktouristen strömen in die Thanon Khao San, in der sich preiswerte Pensionen, Restaurants und Läden reihen. Nordöstlich davon erstreckt sich **Dusit** (▶ F/G 2/3), in dem sich die Residenz des Königs befindet.

Pahurat und Chinatown

Im Südosten der Altstadt liegt das indische Viertel **Pahurat** (▶ D 5), das sich rund um die Thanon Chak Phet und den auf Textilhandel spezialisierten Pahurat Market erstreckt. Östlich davon geht Little India nahtlos in die auch Yaowarat genannte **Chinatown** (▶ E 5) über.

Bangrak

Noch weiter südöstlich liegt der Stadtteil **Bangrak** (▶ F/G 7), in dem sich vieltürmig die Hochhauskulisse des Central

Tipp: Bangkok entdecken

Die Altstadt **Rattanakosin** und den Stadtteil **Banglamphoo** entdeckt man zumindest von Dezember bis Februar am besten auf Spaziergängen. Das enge Gassengewirr von **Pahurat** (Little India), **Chinatown** und **Pratunam** lässt sich nur zu Fuß erkunden, was von März bis Mai beschwerlich sein kann. Für den Abstecher in den weitläufigen Stadtteil **Dusit** nimmt man ab der Altstadt ein Taxi oder Tuk-Tuk. **Bangrak, Pathumwan** und **Sukhumvit** werden von der Hochbahntrasse durchzogen. Die Sehenswürdigkeiten liegen im Radius bequemer Spaziergänge um die einzelnen Stationen. **Thonburi** entdeckt man stilvoll auf einer Bootstour.

In den Straßen von Bangkok verliert man schnell den Überblick

Business District, des Nabels der Geschäftswelt von Bangkok, erhebt. An der Thanon Silom reihen sich nicht nur Banken, sondern auch Shopping-Center, Hotels und erstklassige Restaurants.

Pathumwan und Pratunam

Im Norden grenzt Bangrak an das moderne Viertel **Pathumwan** (▶ H/J 5) mit dem Siam Square als Mittelpunkt. Nördlich von Pathumwan wiederum erstreckt sich der Stadtteil **Pratunam** (▶ J 4). Das Viertel, in dem sich mit dem Baiyoke 2 Tower das höchste Gebäude der Stadt erhebt, ist von tosendem Straßenverkehr und turbulentem Markttreiben geprägt. Neben Pahurat ist Pratunam das zweite bedeutende Zentrum des Textilgroßhandels der Stadt.

Sukhumvit

Im modernen Viertel **Sukhumvit** (▶ L 4/5) im Osten der Stadt wohnen die meisten Europäer, Geschäftsleute wie Touristen. *Farangs* finden an der kilometerlangen Thanon Sukhumvit und den davon abzweigenden Sois hervorragende Restaurants, beste Shoppingmöglichkeiten und ein vielfältiges Nachtleben, das aus mehr als den Go-go-Bars in der Soi Cowboy besteht. Der große Nachteil ist die weite Entfernung zur Altstadt. Gestört wird das Ambiente der recht mondän wirkenden Thanon Sukhumvit durch die Betontrasse der elektrischen Hochbahn, die über der Straße verläuft.

Thonburi

Bangkoks Schwesterstadt breitet sich am westlichen Ufer des Mae Nam Chao Phraya aus. Nach der Zerstörung Ayutthayas 1767 sammelte General Taksin seine Truppen im Gebiet des heutigen **Thonburi** (▶ C/D 7/8). Historische Bauten aus jener Zeit blieben nicht erhalten. Heute präsentiert sich Thonburi größtenteils als reizloser Industrievorort von Bangkok. Die wichtigste Attraktion sind die *khlongs*, die schmalen Wasserwege, auf denen heute noch ein Teil des Verkehrs abgewickelt wird. Sieben Brücken überspannen den Chao Phraya. Zusätzlich halten Boote und Fähren den Personenverkehr aufrecht.

Schlaglichter und Impressionen

Almosengang der Mönche

Frühmorgens, wenn die Luft in den Straßen noch nicht von Autoabgasen gesättigt ist, schwärmen sie aus. In langer Reihe, barfüßig und kahl geschoren, ziehen Mönche in safranfarbenen Roben durch die Altstadt von Bangkok. Sie halten ihre Bettelnäpfe den am Straßenrand knienden Gläubigen entgegen, um sie sich von ihnen mit Speisen und Almosengaben füllen zu lassen. Keiner der Mönche bedankt sich bei den Spendern, vielmehr gehen sie würdevoll schweigend weiter ihres Weges.

Der Buddhismus – die Basis der Thai-Kultur

Nach der thailändischen Philosophie der guten Tat gilt das Almosengeben als Auszeichnung, als Möglichkeit, sich für das nächste Leben Verdienste zu erwerben. Denn dem buddhistischen Glauben an das Karma zufolge wird das Schicksal im nächsten Leben durch das Verhalten im jetzigen bestimmt. Die Gebenden sind es, die dankbar sein müssten. Jeder thailändische Mann legt zumindest einmal in seinem Leben das Gewand des Mönches an, um sich der Heilssuche zu widmen – auch in der hektischen Metropole Bangkok.

Am Tempel der Morgenröte

Während sich der Himmel orangerot verfärbt, nimmt der *prang*, das zentrale Turmheiligtum des Wat Arun, Kontur an. Arun ist das Sanskrit-Wort für Morgenröte und in der Tat ist hier die Stunde des Sonnenaufgangs am schönsten, die Stimmung geradezu mystisch. Auf dem Mae Nam Chao Phraya, der Lebensader Bangkoks, ziehen von Zeit zu Zeit kleine Motorschlepper lange Konvois hölzerner Lastkähne. In der Morgendämmerung wirken sie wie gemächlich dahinziehende Büffelherden, die ihrem Leittier folgen. Beim Sonnenaufgang über dem Fluss könnte man fast das abgasverpestete Chaos des Molochs vergessen, sich zurückdenken in vergangene Zeiten, als hier noch die Residenz der Könige von Siam war, als es noch keine mehrspurigen Straßen gab und unzählige Kanäle Bangkok zum »Venedig des Ostens« machten.

»Stadt der Engel«

Nach der Zerstörung der alten siamesischen Hauptstadt Ayutthaya durch die Heere Burmas im Jahre 1767 bezog Rama I. in Thonburi am Mae Nam Chao Phraya Quartier, verlegte den Hof 15 Jahre später aber aus strategischen Gründen auf die andere Flussseite, nach Bangkok – eigentlich Bang Makok, was wörtlich übersetzt ›Dorf der Oliven‹ heißt. Der König nannte die neue Metropole »Stadt der Engel, große Stadt der Unsterblichen, erhabene, juwelenübersäte Stadt des Gottes Indra, Sitz des Königs von Ayutthaya, Stadt der gleißenden Tempel, Ort der königlichen Paläste und Nebenpaläste, Heimstätte Vishnus und aller Götter«. Der offizielle Name umfasst in Umschrift etwa 170 Buchstaben und fand damit Eingang ins »Guinnessbuch der Rekorde« als längster Ortsname der Welt.

Ein Monarch für alle Fälle

Die Geschichte Bangkoks ist identisch mit jener der regierenden Chakri-Dynastie. Was es in Bangkok an Monumenten und historischen Bauten zu besichtigen gibt, stammt aus den letzten gut 220 Jahren der Regentschaft der Rama-Könige, denen die Thailänder eine anbetende Verehrung entgegenbringen. Bis 1932 regierten die Könige als absolute Herrscher, heute noch übt König Bhumipol Adulyadej, der neunte Rama, als konstitutioneller Monarch großen Einfluss aus. Er ist Schirmherr der Nation, Hüter des buddhistischen Glaubens und die höchste moralische Autorität im Lande. Ihm, seiner Familie und seinen Herrschaftssymbolen gebührt höchster Respekt. Während der Unruhen, die Bangkok auch in jüngerer Vergangenheit wiederholt erschütterten, war er der ruhende Pol.

Bangkok heute

Heute präsentiert sich Bangkok als politische, wirtschaftliche und kulturelle Metropole Thailands, die mit 7–9 Mio. Einwohnern – niemand weiß die genaue Zahl – rund 50-mal größer ist als Chiang Mai, die zweitgrößte Stadt des Landes im Norden. In Bangkok residiert die königliche Familie, hier befinden sich der Regierungsitz, die Ministerien und fast zwei Drittel aller Industriebetriebe des Landes.

Wirtschaftliches Auf und Ab

Seit Mitte des 20. Jh. haben Hunderttausende Thailänder ihre Dörfer verlassen, um in Bangkok ihr Glück zu suchen. Als billige Arbeitskräfte trugen sie zum Wirtschaftswunder der 1980er-Jahre bei. Damals avancierte Thailand zum wirtschaftlichen Musterschüler in Südostasien. Die Zuwachsraten kletterten in Bereiche, die bis dahin nur den vier ›Tigerstaaten‹ Hongkong, Taiwan, Singapur und Südkorea vorbehalten waren. Jahrelang wuchs Bangkok in den Himmel, die Skyline veränderte sich fast täglich. Büroraum war knapp, denn Thailand schickte sich an, zur regionalen Wirtschaftsgroßmacht aufzusteigen. Dem Aufschwung folgte jedoch in den späten 1990er-Jahren die Bruchlandung, von der sich das Land aber erstaunlich schnell wieder erholte.

Lotusblüten und Räucherwerk bringen die Thai zu Ehren Buddhas an Schreinen und Tempeln dar

Betonarchitektur und Verkehrschaos

Der Beliebtheit Bangkoks bei Besuchern aus aller Welt taten die wirtschaftlichen Turbulenzen keinen Abbruch. Alljährlich landen auf dem Flughafen Suvarnabhumi im Osten der Stadt mehr als 12 Mio. Touristen. Die 25 km lange Taxifahrt in das Zentrum von Bangkok verwirrt zunächst jene Thailandbesucher, die sich von den Hochglanzbroschüren der Fremdenverkehrsämter und Reiseveranstalter haben blenden lassen. Mehrspurig durchschneidet der Highway eine Stadtlandschaft, in der moderne Betonarchitektur das Bild bestimmt. Von »Exotik« kaum eine Spur. Die Stadtautobahn vom Flughafen mündet in enge Straßen, in denen sich der Verkehr nur noch schleppend bewegt. Auf Kreuzungen stehen einsam Polizisten im Chaos und versuchen zu regeln, was nicht mehr zu regeln ist. Tag für Tag wird Bangkok von einer Blechlawine überrollt. Obwohl die Stadtverwaltung eine Hochbahn (Sky Train), eine Untergrundbahn (Subway), ein Ringstraßensystem und eine Schnellstraße bauen ließ, konnte die Infrastruktur mit dem Wachstum der Metropole nicht Schritt halten.

Vom Umgang miteinander

An diesem Chaos fasziniert die offensichtliche Selbstverständlichkeit der Situation, die Geduld der Menschen, die ein Bild äußerster Gelassenheit widerspiegeln. Selbst für asiatische Verhältnisse sind die Thailänder Meister in der Pflege reibungsloser zwischenmenschlicher Beziehungen. Harmonie im Alltag ist für sie eine Art Überlebensstrategie in der brodelnden Mega-City. Durch jede Verhaltensweise, welche die Harmonie der Situation zerstört, verliert man sein Gesicht, d. h., man macht sich lächerlich. Da die Thailänder in Bezug auf Gesichtsverlust sehr empfindlich sind, ist man stets darauf bedacht, Rücksicht auf die Gefühle anderer zu nehmen.

Unangebracht sind lautes Sprechen, aggressives Benehmen, Gefühlsausbrüche und Zärtlichkeiten in der Öffentlich-

Für die Thai symbolisiert der Elefant Stärke, Fleiß und Klugheit

keit. Auch käme es einer Beleidigung gleich, jemanden vor den Augen anderer zu kritisieren oder bloßzustellen. Als arrogant gilt, wer bei einem Gespräch die Hände in die Hüften stützt oder die Arme vor der Brust verschränkt. Sehr unhöflich ist es, mit dem Finger auf jemanden zu deuten oder ihn durch das Krümmen eines Fingers herbeizurufen. Stattdessen winkt man mit ausgestrecktem Arm und nach unten gerichteten Fingern, wobei der Handrücken stets nach oben zeigt. Zur Harmonie gehört auch das Erscheinungsbild – Kleider machen Leute. Schmutzige oder zerrissene Kleidungsstücke bei Touristen stoßen auf Unverständnis. Auch wer sich abseits von Pool und Strand allzu leger kleidet, stellt die Toleranz der Thais auf eine harte Probe.

Kopf und Fuß

Kein Zweifel: Thailand ist das Land der guten Manieren. Das gilt auch für die *farangs.* Diesen jedoch lässt man vieles durchgehen, was bei Einheimischen unverzeihlich wäre. Narrenfreiheit haben die Ausländer deshalb aber nicht. Wenn etwa der Wind einen Geldschein davonflattern lässt oder eine Münze davonrollt und der arglose Tourist kurzerhand mit dem Fuß darauftritt, kann ein anwesender Polizist schnell sauer reagieren: Thai-Geld trägt das Porträt des Königs und der Fußtritt gilt als Majestätsbeleidigung. In Bus oder Bahn den Fahrschein über den Kopf des Vordermanns dem Schaffner reichen? Unmöglich! Im Café nach nonchalanter Europäerart seine Beine übereinanderschlagen, dass die Fußspitzen auf den Gesprächspartner weisen? Das Letzte!

Thailänder empfinden die Missachtung des »Kopf- und Fußtabus« als grobe Beleidigung. Die Füße gelten als Inbegriff des Minderwertigen. Daher sollte man beim Sitzen nie die Fußsohlen auf Menschen, Buddha-Statuen und andere heilige Symbole richten. Umgekehrt gilt der Kopf als heiliger Körperteil und Wohnsitz von Geist und Seele. Er ist (auch bei Kindern!) nicht nur unantastbar, sondern sollte von einem Jüngeren oder Rangniedrigeren nicht überragt werden. Berührt man den Kopf eines anderen unabsichtlich, wird dafür eine Entschuldigung erwartet.

Begrüßung und Verabschiedung

Westlichem Händeschütteln stellen sich Thailänder nur mit innerem Widerstreben, verständlich bei den schweißtreibenden Temperaturen. Seit Jahrhunderten heißen die Thai ihre Gäste mit dem traditionellen thailändischen Gruß willkommen, dem *wai.* Dabei legt man beide Hände in einer Gebetshaltung vor dem Oberkörper zusammen. Es ist dies eine Geste voller Anmut, aber auch voller Tücken. Denn das Begrüßungsritual wird durch den gesellschaftlichen Status bestimmt: Je höher der soziale Rang der gegrüßten Person ist, desto höher werden die gefalteten Hände vor die Brust oder den Kopf geführt. Während man bei hochgestellten Personen, vor allem gegenüber Mönchen, die Fingerspitzen bis zur Stirn führt und den Kopf neigt, grüßt man Gleichgestellte oder Personen, deren gesellschaftlichen Status man nicht kennt, mit einem *wai* in Brust- oder Kinnhöhe. Gegenüber Personen mit niedrigerem Rang, etwa Taxifahrern, Kellnern oder Kindern, ist ein *wai* unangebracht. Hier genügt ein Nicken und Lächeln. Die Grußformel lautet *sawat-dee kha* (wenn eine Frau spricht) oder *sawat-dee khrap* (wenn der Sprecher ein Mann ist).

Ein Volk von Lebenskünstlern

Stehender Verkehr an der Kreuzung Wireless/Sathorn Tai/Rama IV Road, Bangkoks neuralgischem Knotenpunkt. Auf der Ladefläche eines Pick-up kauern dicht gedrängt Menschen. Hitze, Abgasschwaden, Lärm – eine Hölle. Doch was tun die Arbeiterinnen auf der Pritsche? Sie reden und lachen. Plötzlich fangen sie an, rhythmisch mit den Händen zu klatschen, zu singen und zu tanzen. Sie haben trotz der widrigen Umstände ganz offensichtlich eine ganze Menge Spaß – *sanuk.* So nennt sich die Lebenshaltung der Thai.

Sanuk – die Lebensfreude

Immer und überall hört man in Bangkok das Wort *sanuk.* Die Thai bringen damit zum Ausdruck, dass sie ihr Leben zu genießen verstehen. *Sanuk* ist jedoch mehr als Spaß und Frohsinn. Der Begriff umschreibt die Lebensfreude der Thai, die tief in ihrem Wesen verwurzelt ist. Spaß am Leben hat nach einem arbeitsreichen Tag Priorität und Anlässe dazu finden sich immer. Als ganz eindeutig *sanuk* betrachten die Thai Feiern, Ausflüge, Glücksspiel, Wetten, Shopping, Kinobesuch, Sport und – sicher nicht zuletzt – das Essen und Trinken. Der Begriff *sanuk* ist so typisch thailändisch, wie ›Gemütlichkeit‹ deutsch ist.

Sabai – Gipfel des Wohlbefindens

Sabai, sabai, sagt man in Thailand, wenn man etwas besonders Schönes sieht oder etwas als sehr angenehm

Daten und Fakten

Bevölkerung: Thailand hat rund 69 Mio. Einwohner. Die Hauptstadt Bangkok (thailändischer Name: Krung Thep) ist mit 7–9 Mio. Einwohnern (Großraum rund 12 Mio.) mit Abstand die größte Stadt des Landes. Das Bevölkerungswachstum beträgt 1,5 %, die durchschnittliche Lebenserwartung knapp 70 Jahre. 95 % der Thailänder bekennen sich zum Theravada-Buddhismus.
Fläche: Thailand 514 000 km², Bangkok etwa 2000 km². Die Bevölkerungsdichte liegt bei durchschnittlich 3000–4000 Einw./km², erreicht in manchen Stadtteilen aber Spitzenwerte von 10 000 Einw./km².
Lage: Bangkok liegt in Zentralthailand, etwa 20 km nördlich der Bucht von Bangkok (Ao Krung Thep), die einen Teil des Golfs von Thailand bildet. Durch die Stadt fließt der Mae Nam Chao Phraya, mit 850 km längster Fluss Thailands (Mae Nam bedeutet »Mutter des Wassers«, Chao Phraya ist ein hoher Adelstitel).
Staat und Verwaltung: Thailand ist seit 1932 eine konstitutionelle Monarchie. Staatsoberhaupt, Oberbefehlshaber der Streitkräfte und religiöses Oberhaupt ist seit 1946 König Bhumipol Adulyadej (Rama IX.). Eine beratende Funktion hat der Kronrat. Die Nationalversammlung, das gesetzgebende Organ, besteht aus dem Abgeordnetenhaus mit einer vierjährigen Legislaturperiode sowie dem Senat mit parteiunabhängigen, direkt gewählten Mitgliedern mit sechsjähriger Amtszeit.
Wirtschaft: Exportorientierte Leichtindustrie (45 % des Bruttosozialprodukts, wichtigste Ausfuhrgüter: Textilien, Computerteile, Plastikprodukte, Edelsteine), Landwirtschaft (10 % des Bruttosozialprodukts, Ausfuhr von Reis). Ein bedeutender Devisenbringer ist der Tourismus (über 12 Mio. Touristen pro Jahr).
Zeit: MEZ plus sechs Stunden. Während der europäischen Sommerzeit verringert sich diese Differenz um eine Stunde.

empfindet. *Sabai* bedeutet auch bequem oder behaglich, und zwar im Sinne von sich entspannt, köstlich erfrischt oder angenehm gesättigt zu fühlen. Die beiden Wörter *sanuk* und *sabai* zusammen verwendet, drücken den Gipfel des Wohlbefindens aus, Spaß und Wohlgefühl sind die Säulen der Thai-Kultur. Und an beidem lässt man die Fremden aus aller Welt großzügig teilhaben.

Mai pen rai – der Schlüssel zur Gelassenheit

Und sollte das Leben einmal weder *sanuk* noch *sabai* sein, dann hilft die Allerweltsfloskel *mai pen rai.* Das ist mit »Was passiert ist, ist passiert« oder »Keine Sorge, wird schon werden« nur unzulänglich übersetzt. Dieser Begriff erscheint wie eine Aufforderung zur unbeschwerten Unbekümmertheit, zur Freiheit gegenüber drängenden Verantwortungen, zur heiteren Gelassenheit. In diesen Worten scheint aber auch ein Stück buddhistischer Philosophie mitzuschwingen: die Abneigung, sich über etwas Menschliches und Weltliches allzu sehr aufzuregen, sowie die Bereitschaft, sich einem Missgeschick oder Unglück zu fügen. Wenn etwas nicht zu ändern ist, akzeptiert man es eben. Alles befindet sich schließlich im ständigen Wandel, so lehrt es der Theravada-Buddhismus, der in Thailand fest verwurzelt ist und mit dem Animismus und der Folklore eine lebensfrohe Symbiose einging. Also was soll das Gejammer? So schaffen es die Thai mit der Zauberformel *sanuk, sabai, mai pen rai,* sich mit einer oft nicht einfachen Stadt wie Bangkok zu arrangieren.

Die januskköpfige Metropole

Auch Besuchern macht es Bangkok bisweilen nicht leicht. Mit den unübersehbaren Schattenseiten wie Verkehrschaos und Luftverschmutzung, Überbevölkerung und sozialen Ungerechtigkeiten mag die Stadt wie ein Moloch erscheinen, doch die Thai-Metropole ist eine vitale, vielgestaltige Stadt mit zahlreichen Gesichtern und Charakteren. Ihr Charme erschließt sich nicht auf Anhieb; viele Sehenswürdigkeiten liegen nicht auf dem Präsentierteller. Doch Bangkok fasziniert mit einer Mischung aus Tradition und Moderne, Westlichem und Fernöstlichem, Harmonie und Chaos, Heiterkeit und Melancholie. »Stadt der Enge« und »Sündenbabel« – Bangkok hat nicht nur viele Namen, sondern zu jedem auch das passende Gesicht.

Hinter tristen Betonkulissen erheben sich orientalische Prachtbauten mit gestaffelten Dächern, auf denen bunte Keramikziegel in der Sonne glänzen. Eben noch hat man beim Überqueren einer Straße Leben und Gesundheit riskiert, im nächsten Augenblick sitzt man in einem der 400 Tempel und lauscht dem Sprechgesang der Mönche. Gerade bummelte man noch durch ein Einkaufszentrum, wenig später gleitet man in einem Khlong-Boot durch eine Welt, in der das Leben im Takt vergangener Zeiten pulsiert. Es ist dieses Nebeneinander der Welten, das der Stadt ihr unverwechselbares Fluidum verleiht.

Auf dem Wappen Bangkoks reitet der Gott Indra auf dem mächtigen Elefanten Erawan

Geschichte, Gegenwart, Zukunft

Die Anfänge

Tai sprechende Stämme – die Vorfahren der Thai – drangen vom 6.–13. Jh. aus Teilen des heutigen Chinas in das Gebiet des heutigen Thailands vor. Weite Teile der Region befanden sich damals unter der Herrschaft der Khmer-Könige von Angkor. Im Jahre 1238 lösten sich Stammesführer von dieser und gründeten das unabhängige Tai-Königreich mit Sukhothai als Hauptstadt.

Das Königreich Sukhothai

Seine Blütezeit erlebte das Reich von Sukhothai unter König Ramkhamhaeng (1277–1317), der den Theravada-Buddhismus zur Staatsreligion erklärte und ein eigenes Schriftsystem für die Tai-Sprache entwickelte. Sukhothai wurde zur Wiege der thailändischen Kultur. Nach dem Tod des Königs, der heute als »Vater Thailands« verehrt wird, setzte der Niedergang Sukhothais ein.

Das Königreich Ayutthaya

Mitte des 14. Jh. unterwarf ein aufständischer Fürst Sukhothai und gründete 1350 nördlich des heutigen Bangkok Ayutthaya als seine Hauptstadt, wo er als König Rama Thibodi I. regierte. Ab 1370 entwickelte sich Sayam (Siam), wie Thailand damals hieß, zum mächtigsten Staat Südostasiens. 1431 eroberten die Siamesen Angkor und übernahmen das Hofzeremoniell, wesentliche Elemente der Khmer-Kultur und vor allem die Vorstellung vom Gottkönigtum, welches die absolute Monarchie begründete. Im Jahre 1767 endete das ›Goldene Zeitalter‹, als burmesische Truppen Ayutthaya brandschatzten, plünderten und verwüsteten.

Die Chakri-Dynastie

Nur ein Jahr später vertrieb General Taksin die Burmesen und ließ sich in Thonburi am westlichen Ufer des Mae Nam Chao Phraya zum König krönen. 1782 entmachtete General Phraya Chakri, der Stammvater des heutigen Herrscherhauses, Taksin, bestieg als Rama I. den Thron und verlegte seine Residenz nach Bangkok. Unter seiner Regentschaft (1782–1809) entstanden der Grand Palace und der Königstempel Wat Phra Kaeo. Unter der Regentschaft des fortschrittlichen Königs Mongkut oder Rama IV. (1851–1868) vollzog sich die Wandlung des Bildes vom Gottkönig zu dem einer Vaterfigur. Sein Nachfolger, König Chulalongkorn oder Rama V. (1868–1910), der sein Reich nach westlichen Ideen reformierte, ist neben dem jetzigen König Bhumipol der am meisten verehrte Thai-König (s. S. 46).

Thailand im 20. Jahrhundert

Am 24.6.1932 wurde nach einem unblutigen Staatsstreich die absolute Monarchie abgeschafft und König Prajadibok bzw. Rama VII. (1925–1935) zum konstitutionellen Monarchen ›degradiert‹.

Nach dem mysteriösen Tod von Rama VIII. bestieg 1946 König Bhumipol Adulyadej (Rama IX.) den Thron. Seitdem wurden Phasen der Demokratisierung immer wieder von Zeiten unterbrochen, in denen der Premierminister fast diktatorisch regierte.

In den 1980er-Jahren stabilisierte sich zwar die politische Situation, Thailand war jedoch immer noch weit von einer Demokratie westlichen Musters entfernt. Dies führte 1992 zu Massendemonstrationen in Bangkok, die vom Militär brutal niedergeschlagen wurden. Erst nach der Intervention des Königs beruhigte sich die Situation.

Auf dem Weg ins 21. Jahrhundert

Mit der Verabschiedung einer demokratischen Verfassung im Jahr 1993 begann die neue Thai-Demokratie, Wurzeln zu schlagen. Die Entwicklung ging mit einem Wirtschaftsboom ohnegleichen einher.

1997 geriet das Land jedoch nach einem Börsencrash an den Rand des Kollapses. Doch die Talfahrt war überraschend schnell wieder beendet und Thailand schritt optimistisch ins neue Jahrtausend.

Getrübt wurde diese Aufbruchstimmung aber durch erhebliche politische Turbulenzen, die im September 2006 dazu führten, dass das Militär die Regierung Thaksin Shinawatra für abgesetzt erklärte. Dem damaligen Premierminister wurde vorgeworfen, sein politisches Amt zu missbrauchen, um sich wirtschaftliche Vorteile zu verschaffen.

Auch die folgenden Jahre waren eine Zeit der politischen Wirren, in der deutlich wurde, dass ein tiefer Riss durch die thailändische Gesellschaft geht. Erneute Unruhen, bei denen sich Anhänger des gestürzten Premiers (die sogenannten Rothemden) und Regierungsanhänger (die sogenannten Gelbhemden) teils blutige Gefechte lieferten, gipfelten im Spätsommer 2008 in Blockaden der beiden größten Flughäfen Thailands.

Noch schlimmer kam es im Mai 2010, als eine Rebellion militanter ›Rothemden‹ Bangkok im Chaos versinken ließ. Einige Regierungsgebäude und Einkaufszentren wurden in Brand gesteckt, Tausende Menschen wurden verletzt, über 100 verloren ihr Leben.

Ungewisse Zukunft

Die für Ausländer so schwer verständlichen Szenen spielten sich vor dem Hintergrund des andauernden Kampfes zwischen alter und neuer Macht ab. Allerdings ist es kompliziert, in diesem Machtkampf Gute und Böse auseinanderzuhalten. Eine der Schlüsselfiguren ist der ehemalige Premierminister Thaksin Shinawatra. Von vielen ›Rothemden‹ wird er verehrt, weil er für die unteren Schichten tatsächlich einige Fortschritte gebracht hat, zu denen bessere Bildungschancen und eine bezahlbare Krankenversicherung zählen. Doch auch er hat sich und seinen Clan skrupellos bereichert. Wenig Rückhalt bei der verarmten Landbevölkerung und der städtischen Unterschicht besaß dagegen die Regierung unter Premier Abhisit Vejjajiva von der Demokratischen Partei (Dez. 2008–Jan. 2011). Abhisit selbst stammt aus einer einflussreichen Bangkoker Familie. Ins Amt kam er nur mit Rückendeckung der sogenannten alten Elite, zu der Vertraute des Königshauses, einflussreiche Geschäftsleute, Generäle, hohe Richter und Beamte zählen.

Gemäßigte ›Rothemden‹ prangern immer wieder die sozialen Ungerechtigkeiten im Land an – ein Codewort für die alte Ordnung, in der alteingesessene Familien von Gnaden des Königshauses Macht und Reichtümer unter sich verteilten. Die meisten Beobachter sind sich einig: Der Konflikt, der das Land seit Jahren spaltet, ist noch lange nicht ausgefochten, Thailand steht politisch vor einer ungewissen Zukunft. Es bleibt abzuwarten, ob die Wahl von Yingluck Shinawatra, Schwester des 2006 gestürzten Regierungschefs Thaksin Shinawatra, zur ersten Premierministerin des Landes zur Stabilisierung der Situation beitragen wird. Ihre Pheu-Thai-Partei hatte die Parlamentswahlen am 3. Juli 2011 mit 53 % der Stimmen gewonnen.

Anreise

... mit dem Flugzeug

Die Flugzeit von Mitteleuropa nach Bangkok beträgt etwa elf Stunden. Direkte Flugverbindungen unterhalten ab Frankfurt, München, Berlin, Wien und Zürich täglich oder mehrmals wöchentlich renommierte Linien wie Thai Airways, Lufthansa, Air Berlin, Austrian Airlines und Swiss. Andere internationale Fluggesellschaften wie Etihad Airways, Emirates und Gulf Air legen in Golfstaaten eine Zwischenlandung ein.

Die Tarife unterliegen erheblichen saisonalen Schwankungen. Am teuersten sind die Tickets in der Weihnachtszeit. Bei der für ihren guten Service bekannten Thai Airways kostet der Flug von Frankfurt nach Bangkok und zurück saisonabhängig zwischen 650 und 1000 €. Wegen der starken Nachfrage nach Bangkok-Flügen ist vor allem während der Hauptsaison von November bis Februar eine frühzeitige Buchung sehr zu empfehlen! Infos im Internet: www.thaiair.de.

Pauschalreisen nach Bangkok werden – auch in Verbindung mit Thailand-Rundreisen und anschließendem Badeaufenthalt – von allen renommierten Reiseveranstaltern angeboten. Je nach Saison kosten zwei Wochen Bangkok mit Badeurlaub auf Phuket oder einer anderen Ferieninsel inklusive Flug ab 1000 €. Last-Minute-Angebote gibt es teilweise unter 900 €.

Suvarnabhumi International Airport: Bangkoks neuer internationaler Flughafen Suvarnabhumi (gesprochen »su-wan-na-puum«) liegt 35 km südöstlich der City.

Information: Tel. 02 132 00 00 und 132 18 88 (allg. Auskunft), Tel. 02 13 29 32 4-7 (Auskunft Abreise), Tel. 02 13 29 32 8-9 (Auskunft Ankunft); Internet: www.bangkokairportonline.com.

Terminals: Dort gibt es Wechselstuben, ATMs sowie Info- und Buchungsschalter.

Airport Rail Link Phaia Thai Express: Der auf einer Hochbahntrasse verkehrende Expresszug fährt in 10- bis 20-Min.-Intervallen vom Airport zum Makassan City Air Terminal und weiter zur Endstation Phayathai (Fahrtzeit: 15 bzw. 20 Min., Tickets 90 Baht). Der Normalzug (Airport Rail Link City Line) benötigt für die gleiche Strecke mit mehreren Stopps 30–40 Min. (Tickets 45 Baht). Infos: www.airportraillink.railway.co.th.

Taxis: Fahrzeuge des Airport Limousine Service, die man in der Ankunftshalle (Ebene 2) buchen kann, kosten 900–1200 Baht. Nur halb so teuer ist die 30- bis 40-minütige Fahrt in Public Taxis, die man an Schaltern bei den Ausgängen im Untergeschoss unter der Ankunftshalle (Ebene 1) ordert. Die genauen Kosten errechnen sich per Taxameter aus gefahrenen Kilometern und Zeit plus 50 Baht Flughafenzuschlag und 50–70 Baht Maut für den Expressway.

Hinweis: Die Flüge mehrerer Low-Cost-Airlines (u. a. Nok Air und Orient Thai Airlines) werden über den alten, 25 km nördlich der City gelegenen Flughafen Don Muang abgewickelt. Zwischen den beiden Flughäfen verkehren Busse.

... auf dem Landweg

Busreisende kommen in einem der drei großen Busbahnhöfe für den Fernverkehr an, Bahnreisende am Hauptbahnhof Hua Lamphong.

Diplomatische Vertretungen

Königlich-Thailändische Botschaft in Europa

... in Deutschland: Visa-Abteilung, Berlin, Tel. 030 79 48 10, www.thaiembassy.de.
... in Österreich: Visa-Abteilung, Wien, Tel. 01 478 33 35, www.thaivienna.at.
... in der Schweiz: Visa-Abteilung, Bern, Tel. 031 97 03 03 03-4, www.thaiembassybern.org.

Europäische Botschaften in Bangkok

Botschaft der Bundesrepublik Deutschland: 9 Thanon Sathorn Tai, Sathorn, Tel. 02 287 90 00, im Notfall Tel. 081 845 62 24, www.bangkok.diplo.de.
Österreichische Botschaft: 14 Soi Nantha, Thanon Sathorn Tai, Sathorn, Tel. 02 303 62 57, www.aussenministerium.at/bangkok.
Schweizer Botschaft: 35 Thanon Witthayu Nua (North Wireless Rd.), Pathumwan, Tel. 02 674 69 00, www.eda.admin.ch/bangkok.
(Alle Botschaften Mo–Fr 9–11.30 Uhr.)

Einreisebestimmungen

Ausweispapiere: Deutsche, Österreicher und Schweizer, die sich nicht länger als 30 Tage in Thailand aufhalten wollen, benötigen kein Visum. Sie erhalten bei der Einreise am Suvarnabhumi Airport oder einem anderen internationalen Flughafen eine Aufenthaltsgenehmigung. Voraussetzung dafür ist ein Reisepass, der noch mindestens sechs Monate gültig ist. Mitreisende Kinder benötigen einen eigenen Pass. Wer auf dem Landweg einreist, erhält nur eine 15 Tage gültige Genehmigung.

Vor der Ankunft sind ein Einreiseformular (*arrival card*) und ein Ausreiseformular (*departure card*) auszufüllen. Letzteres wird in den Reisepass geheftet und muss bei der Ausreise zurückgegeben werden.

Visum: Bis zu 60 Tage gültige Touristenvisa oder bis zu 90 Tage gültige Non-Immigrant-Visa stellen die Thai-Botschaften im Heimatland aus.

Ein- und Ausfuhr: Zollfrei ein- und ausführen darf man neben Gegenständen des persönlichen Gebrauchs 1 l Spirituosen und 200 Zigaretten. Die Einfuhr von Waffen, Munition, Drogen und pornografischem Material bzw. die Ausfuhr von Antiquitäten und Buddha-Statuen ohne Exportgenehmigung ist verboten.

Feiertage

1. Jan.: Neujahr
6. April: Chakri-Tag
13.–15. April: thailändisches Neujahrsfest Songkran
1. Mai: Tag der Arbeit
5. Mai: Krönungstag
12. Aug.: Geburtstag der Königin
23. Okt.: Chulalongkorn-Tag
5. Dez.: Geburtstag des Königs
10. Dez.: Verfassungstag

Feste und Festivals

Obwohl der gregorianische Kalender allgemein gebräuchlich ist, richten sich traditionelle Zeremonien nach dem Mondkalender, der dem unseren – je nach Vollmond wechselnd – um 10–15

Tage voraus ist. Religiöse Feste fallen meist in die Zeit des Vollmondes.

Infos im Internet: www.thailandtourismus.de/urlaub/feste-festivals.html (aktuelle Termine der beweglichen Feiertage und Feste).

Januar bis März

Chinese New Year: An einem Neumondtag zwischen dem 21. Januar und 19. Februar feiern die chinesischstämmigen Bangkoker ihr Neujahrsfest. Höhepunkte sind farbenfrohe Drachen- und Löwenparaden in den Straßen der Chinatown sowie als Finale ein prächtiges Feuerwerk.

Makha Pucha: Wichtiger buddhistischer Feiertag zum Gedenken an Buddhas Predigt vor seinen ersten 1250 Jüngern; an einem Vollmondtag Ende Februar oder Anfang März.

Bangkok International Fashion Week: Leistungsschau thailändischer Modedesigner, meistens Mitte März.

April

Songkran: Die Zeit zwischen dem 13. und 15. April steht im Zeichen des buddhistischen Neujahrsfestes. Um die Sünden des alten Jahres abzuwaschen und das neue Jahr rein zu beginnen, besprengt man sich gegenseitig mit Wasser. Aus diesem alten Brauch entwickelte sich eines der ausgelassensten Feste des Landes, das mancherorts in regelrechten Wasserschlachten kulminiert.

Mai

Die königliche Zeremonie des Pflügens: Das an einem astrologisch günstigen Tag im Mai stattfindende Ritual auf dem Sanam Luang markiert den Beginn der Reispflanzsaison.

Visakha Pucha: Wichtiger Feiertag zum Gedenken an die Geburt, Erleuchtung und den Eintritt Buddhas in das Nirvana, an einem Vollmondtag im Mai.

September

International Festival of Music & Dance: Einmonatiges Kulturspektakel im Thailand Cultural Centre mit einem interessanten und vielfältigen Kulturprogramm.

Oktober

World Film Festival: Die neuesten Kinohits, vor allem aber nicht kommerzielle Filme. Meistens Ende Oktober/Anfang November.

November

Loy Krathong: In einer Vollmondnacht lässt man unzählige mit Blumen, Münzen, Räucherstäbchen und brennenden Kerzen beladene Bananenblattschiffchen auf dem Wasser schwimmen. Damit erweisen die Thais der Wassergöttin ihre Verehrung, und die Schiffchen tragen zugleich alte Sünden fort.

Fest am Golden Mount: In langen Prozessionen strömen Gläubige zum Tempel auf dem Goldenen Hügel, um vor einer Buddha-Reliquie zu beten. Am Fuße des Phu Khao Thong findet ein ausgelassenes Volksfest statt.

Bangkok Pride Week: Einwöchiges Happening der Schwulen- und Lesbengemeinde Bangkoks mit vielen Partys und Paraden. Nicht versäumen – das Eröffnungsevent ›Pink in the Park‹ im Lumpini Park. Meist Anfang November.

Geld

Landeswährung ist der Baht (B).

Wechselkurs: 1 € = 40 B, 1 SFr = 33 B, 1 US-$ = 31 B (Stand: Sommer 2012).

Banknoten: 20, 50, 100, 500 und 1000 B.

Gängige Münzen: 1, 2, 5 und 10 B.

Kreditkarten: In vielen Hotels, Restaurants und Geschäften werden international gebräuchliche Kreditkarten (vor allem Visa und MasterCard) akzeptiert. Mit Kreditkarte oder EC/Maestro-Karte und der persönlichen Geheimzahl kann man an Geldautomaten (Automatic Teller Machines, ATM) Bargeld ziehen.

Gesundheit

Impfungen sind für Reisende aus infektionsfreien Gebieten nicht vorgeschrieben. Die Thailänder achten sehr auf Hygiene, sodass man selbst auf Märkten und an Straßenständen bedenkenlos essen und trinken kann. Da die meisten europäischen Krankenversicherungen keine der in Thailand anfallenden Behandlungskosten übernehmen, empfiehlt sich der Abschluss einer Reisekrankenversicherung.
Infos im Internet: www.fit-for-travel.de.
Apotheken: In den meist recht gut bestückten Apotheken erhält man zwar auch viele der in Europa gängigen Präparate, dennoch sollte man wichtige Medikamente mitbringen.
Arzt/Zahnarzt: In Bangkok entspricht die ärztliche Versorgung westlichem Standard. Es gibt 24-Stunden-Notfallkliniken mit englischsprachigen Ärzten.
Krankenhaus: Den Ruf eines medizinischen Zentrums der Superlative hat das Bumrungrad Hospital (▶ K 5), 33 Soi 3, Thanon Sukhumvit, Tel. 02 667 10 00, www.bumrungrad.com).

Informationsquellen

... in Deutschland

Thailändisches Fremdenverkehrsamt, Bethmannstr. 58, 60311 Frankfurt/Main, Tel. 069 138 13 90, info@thailandtourismus.de.

... in Bangkok

Bangkok Tourist Center: 17/1 Thanon Phra Arthit, Phra Pin Klao Bridge (nahe dem Nationalmuseum), Rattanakosin, Tel. 02 225 76 12-4, service@bangkoktourist.com, Mo–Fr 9–19, Sa, So 9–17 Uhr.
Bangkok International Airport: Ankunftshalle, tgl. 8–24 Uhr.
Informationskioske: Thanon Sukhumvit (zwischen Soi 10 und 12 sowie zwischen Soi 11 und 13), Ecke Thanon Silom/Thanon Rama IV, Thanon Khao San, Siam Square (Sky Train Central Station) und Chatuchak Weekend Market.
Tourist Service Line: Tel. 16 72 (kostenlos), tgl. 8–20 Uhr.

... im Internet

Länderkennung Thailand: th
www.thailandtourismus.de: Offizielle Website des Thailändischen Fremdenverkehrsamtes mit allem Wissenswerten für die Thailandreise.
www.tourismthailand.org: Websites der Tourism Authority of Thailand mit nützlichen Informationen zur Reise.
www.bangkoktourist.com: Offizielle Seite des Bangkok Tourist Center mit umfassenden Infos zu Restaurants, Festen, aktuellen Events und Sightseeing.
www.bangkok-aktuell.de: Buntes Informationsangebot, vor allem Erfahrungsberichte, auf Deutsch.
www.thaiembassy.de: Website der Königlich-Thailändischen Botschaft.
www.bangkokpost.com: Nachrichten aus der Region, Veranstaltungshinweise, Tipps zu Hotels, Essen und Trinken, Wechselkurse und Wetterberichte.
www.thaizeit.de: Internet-Auftritt des deutschsprachigen Lifestyle-Magazins »Thaizeit« mit Tipps zu Unterkünften, Restaurants und Nightlife.

www.khaosanroad.com: Auf der Website von Bangkoks Traveller-Meile stellen sich u. a. Unterkünfte, Kneipen, Schneider, Massagesalons und Schmuckläden vor. Dazu Infos zu Bus und Bahn.

Kinder

Buffalo Village: s. S. 80.
Bangkok Butterfly Garden: ▶ nördl. J 1, Thanon Paholyothin, Chatuchak, Tel. 02 272 43 59, Sky Train: Station Mochit, Subway: Station Chatuchak Park, Di–So 8.30–16.30 Uhr, Eintritt frei. Der Garten gilt mit über 500 Schmetterlingsarten als eine der größten Schmetterlingsfarmen in Thailand.
Children's Discovery Museum: ▶ nördl. J 1, Thanon Paholyothin, Chatuchak, Tel. 02 615 73 33, www.cdm.org, Sky Train: Station Mochit, Subway: Station Kamphaeng Phet, Di–Fr 9–17, Sa, So 10–18 Uhr, 200 Baht, Kinder 100 Baht. Kindergerecht werden Ausstellungen zu verschiedenen Themenkreisen wie Natur und Umwelt, Wissenschaft, Kultur und Gesellschaft präsentiert.
Dream World: ▶ nördl. von L 1, Thanon Nakhon Nayok, Rangsit, Tel. 02 533 11 52, www.dreamworld.co.th, Mo–Fr 10–17, Sa, So 10–19 Uhr, Vorortzug ab Hua Lamphong Railway Station bis Rangsit, dann Taxi oder Tuk-Tuk, 500 Baht, Kinder 300 Baht, pauschal über Reiseagentur ab 1000 Baht. Die thailändische Variante von Disney World. Ein besonderer Anziehungspunkt ist die Riesenwasserrutsche ›Super Splash‹ – deshalb unbedingt Badesachen mitnehmen!
Dusik Zoo: ▶ F 1, s. S. 48.
Safari World: ▶ nördl. M 1, 99 Thanon Panya Inthra, Minburi, Tel. 02 914 41 00-19, www.safariworld.com, tgl. 9–17 Uhr, 550 Baht (Thais), 900 Baht (*farangs*), Kinder zwischen 6 und 14 Jahren zahlen den halben Preis, unter 6 Jahren gratis; mit öffentlichen Verkehrsmitteln schwer zu erreichen, am besten über eine Reiseagentur buchen (ab 1100 Baht). Ausgedehntes Freilandgehege mit Giraffen, Zebras, Löwen, Rhinozerossen und anderen afrikanischen Tieren, die man vom Fahrzeug aus beobachten kann. Stündlich Fütterungen oder Vorführungen von Dressurnummern. Sehenswert sind die Delfin- und Seelöwen-Shows im angeschlossenen Marine Park.
Samphran Elephant Ground & Zoo: s. S. 80.

Pfannenhilfe

Vor dem halbtägigen Kochkurs **Cooking with Poo** suchen die Teilnehmer zusammen mit der Kochlehrerin Khun Poo auf dem Khlong Toey Market, wo die frischesten Produkte angeboten werden, die Menü-Zutaten aus. Los geht es tgl. um 8.30 Uhr beim Emporium Suites Hotel in der Soi 24, Thanon Sukhumvit (▶ östl. von M 6, Tel. 084 901 87 17, www.cookingwithpoo.com, 1200 Baht).
Gäste des **Thai House** werden von Bangkok in einem Boot durch ein Gewirr von Kanälen nach Nonthaburi, 22 km westlich der City, gebracht. Bei mehrtägigen Kursen übernachtet man in einem traditionellen Thai-Haus aus Teakholz; Tageskurs (10.30–15 Uhr) 3800 Baht, 2-Tage-Kurs mit Übernachtung im DZ 8950 Baht, 3-Tage-Kurs mit zwei Übernachtungen im DZ 16 650 Baht (32/4 Moo 8, Tambol, Bang Muang, Bang Yai, Nonthaburi, Tel. 02 903 96 11, www.thaihouse.co.th).

Samut Prakarn Crocodile Farm: s. S. 78.
Siam Ocean World: s. S. 61.
Siam Park: ▶ östl. von M 2, 99 Thanon Serithai, Khannayao, Tel. 02 919 72 00, www.siamparkcity.com, AC-Bus 2, 25, 40, 48, 72, 98, Mo–Fr 10–18, Sa, So 10–19 Uhr, 900 Baht, Kinder unter 140 cm 600 Baht. Ein Paradies für Wasserratten mit mehreren Wasserrutschen, vor allem der 500 m langen ›Super Spiral‹, Plantsch- und Schwimmbecken sowie einer Achterbahn, einem Vogelpark und dem ›Alaska Fantasy Land‹, einer künstlichen Winterlandschaft.
Snake Farm: ▶ H 6, Queen Saorabha Memorial Institute, Thanon Rama IV, Bangrak, Tel. 02 252 01 61-4, Mo–Fr 8.30–16.30, Sa 8.30–12 Uhr, Vorträge mit Diashow Mo–Fr um 10.30 und 14.30, Sa, So, Fei 10.30 Uhr, Schlangenpräsentation mit ›Giftmelken‹ Mo–Fr 10.30 und 14.30, Sa, So, Fei 10.30 Uhr; Sky Train: Station Sala Daeng, Subway: Station Silom; 220 Baht, Kinder 140 Baht.

Klima und Reisezeit

Am angenehmsten für Europäer ist das Wetter in Bangkok während der »kühlen« Jahreszeit von November bis Februar. In der heißen Jahreszeit von März bis Mai stöhnen die Bangkoker tagsüber unter Temperaturen von bis zu 40 °C und auch nachts fällt die Quecksilbersäule selten unter 30 °C.

Auch während der Regenzeit von Juni bis Oktober ist Dauerregen von mehreren Tagen eher selten. Meist kommt es auch in diesen Monaten nur zu kurzen Wolkenbrüchen, die häufig von Gewittern begleitet sind. Allerdings steigt die Luftfeuchtigkeit dann derart an, dass schon kurze Wege zu Schwitzbädern werden.

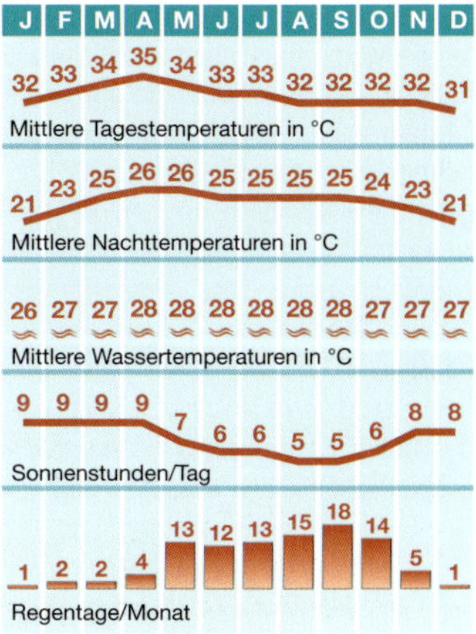

Klimadiagramm Bangkok

Öffnungszeiten

Geschäfte: Meist tgl. ab 8/9 Uhr bis spätabends.
Supermärkte, Kaufhäuser und Einkaufszentren: Meist tgl. 10–21 Uhr.
Banken: Mo–Fr 8.30–15.30 Uhr.
Wechselstuben: Am Flughafen, an Thanon Silom und Thanon Sukhumvit bis spätabends und am Wochenende.
Postämter: Mo–Fr 8.30–16.30, Sa 9–12 Uhr.
Behörden: Mo–Fr 8.30–12, 13–16.30 Uhr.

Rauchen

In Restaurants, Bars und Clubs ist Rauchen tabu. Selbst in Open-Air-Cafés und auf Märkten gibt es Verbotsschilder. Es drohen Bußgelder von bis zu 2000 Baht.

Reisen mit Handicap

Wie andere asiatische Städte ist auch Bangkok nicht fußgänger-, geschweige denn behindertenfreundlich. Zugeparkte oder durch Garküchen und fliegende Händler verstellte Gehwege mit tiefen Löchern sowie rücksichtslose Motorradfahrer, die bei Verkehrsstaus auf die Bürgersteige ausweichen, machen die Stadt zu einem Albtraum für Rollstuhlfahrer. Zudem ist es für diese unmöglich, die meisten Straßen ohne fremde Hilfe zu überqueren. Die wenigsten Hotels und Restaurants verfügen über behindertengerechte Einrichtungen, ganz zu schweigen von öffentlichen Verkehrsmitteln.

Sport und Aktivitäten

Fitness und Wellness

Umfangreiche Wellnessangebote in sogenannten Spas gehören in Bangkoks Hotels der gehobenen Kategorie zum Standard. Im Zentrum der Anwendungen stehen Heilmassagen, Kräuterdampfbäder, Thermalbäder und Aromatherapien, aber auch Yoga, Meditation, echte Thai-Massage und eine richtige Ernährung.

Edle Spa-Center

Anantara Bangkok Riverside Resort & Spa: 257 Thanon Charoen Nakhon, Khlong San, Tel. 02 476 00 22, www.bangkok-riverside.anantara.com, Sky Train: Station Saphan Taksin.

Banyan Tree Hotel: 21/100 Thanon Sathorn Tai, Sathorn, Tel. 02 679 10 52-4, www.banyantreespa.com, Sky Train: Station Chong Nonsi, tgl. von 9–22 Uhr.

Dusit Thani Hotel: Thanon Rama IV, Bangrak, Tel. 02 236 99 99, www.dusit.com, Sky Train: Station Sala Daeng.

Royal Orchid Sheraton: Thanon Charoen Krung, Tel. 02 266 01 23, www.mandaraspa.com, Expressboot bis Si Phraya Ferry Pier.

The Oriental: 48 Oriental Ave., Bangrak, Tel. 02 236 77 77, www.mandarinoriental.com/bangkok, Sky Train: Station Saphan Taksin.

Ausgewählte Day Spas

Body Tune: La Villa, Thanon Paholyothin, Phayathai, Tel. 02 613 05 77, www.bodytune.co.th, Sky Train: Station Ari.

Raintree Spa: 3/1 Soi 11, Thanon Sukhumvit, Tel. 02 651 22 06, www.raintreespa.net, Sky Train: Station Nana.

Seven Eden Spa: 27 Soi 1, Thanon Sala Daeng, Bangrak, Tel. 02 266 23 45, www.sirisathorn.com, Sky Train: Station Sala Daeng.

Joggen

Das beliebteste Laufrevier in der Stadtmitte ist der Lumpini Park, in dem es eine 2,5 km lange, teils kunststoffbeschichtete Joggingstrecke gibt. Auch Hotels in Grünanlagen, etwa das Hilton und das Imperial Queen's Park Hotel, bieten ihren Gästen Laufstrecken. Ausgedehnte Läufe in Randgebieten der Stadt organisieren regelmäßig die Hash House Harriers. Informationen im Sportteil der Samstagsausgabe der »Bangkok Post« oder unter www.bangkokhhh.com.

Schwimmen

Zwar gibt es kaum öffentliche Schwimmbäder, aber alle Hotels der gehobenen Kategorien und viele preiswerte Häuser bieten ihren Gästen teils sehr schöne Swimmingpools. Ein kleines Freibad gibt es im Lumpini Park (s. S. 59).

Telefon und Internet

Am preiswertesten sind In- und Auslandsgespräche mit dem Handy, wenn man eine Prepaid-SIM-Card eines lokalen Anbieters verwendet. Es gibt Starter-Kits (SIM-Karte plus Aktivierung) von allen Mobilfunkanbietern, etwa

Sicherheit und Notfälle

Bangkok ist nicht unsicherer als Berlin oder Boston. Gewaltverbrechen wie Raubüberfälle oder Vergewaltigungen, bei denen Touristen Opfer sind, kommen selten vor. Aber Vorsicht vor **Taschendieben** ist im Gedränge von Märkten, Bahnhöfen und Busstationen angebracht. Deponieren Sie Wertsachen und Reisedokumente im Hotelsafe! Für Ersatzansprüche gegenüber einer Versicherung ist ein polizeiliches Protokoll nötig. Am besten meldet man Diebstähle bei der **Tourist Police,** denn die Beamten sprechen meist recht gut Englisch.
Misstrauen ist stets angebracht, wenn man auf der Straße angesprochen wird. Meist handelt es sich um **Schlepper,** die versuchen, Besucher in bestimmte Läden oder Lokale zu locken. Lassen Sie sich nicht darauf ein! Der Supertipp, das Billigangebot oder der günstige Wechselkurs entpuppen sich oft als Betrugsversuch. Die Tourism Authority warnt auch davor, von Unbekannten Getränke anzunehmen, denn es könnte sich um Knock-out-Drinks handeln, die mit Betäubungsmitteln versetzt wurden.
Kreditkartenbetrug ist leider weit verbreitet. Man sollte bei der Bezahlung die Kreditkarte stets im Auge behalten, um sicherzugehen, dass nur ein einziger Ausdruck erstellt wird. Zahlen Sie in Läden, die Ihnen nicht ganz seriös vorkommen, am besten bar. **Sperrnummer für Kreditkarten:** Tel. 00149 11 61 16.
Wichtige Notrufnummern:
Polizei: Tel. 191, **Touristenpolizei:** Tel. 11 55, **Ambulanz:** 15 54, **Feuerwehr:** Tel. 199.

1–2 Call von AIS oder Happy von TRUE. Solche Karten, die in Telefonläden erhältlich sind, kosten 200–300 Baht und sind je nach Anbieter 3–6 Monate gültig. Voraussetzung ist ein SIM-lockfreies Handy, das also nicht mehr an den heimischen Vertragsanbieter gebunden ist. Karten zum Aufladen (*pop up*) gibt es in den meisten Supermärkten, Telefonläden und Kaufhäusern. Nationale Gespräche kosten 1–2,5 Baht/Min., internationale Telefonate im Call-By-Call-Verfahren mit der Einwahlnummer 007 oder 009 5–7 Baht/Min. Für Auslandsgespräche wählt man 001 (oder günstigere Einwahlnummer) + Ländervorwahl (Deutschland 49, Österreich 43, Schweiz 41) + Ortsvorwahl ohne 0 + Teilnehmernummer. Vorwahl von Bangkok: 02; vom Ausland nach Bangkok: 0066 2.

Wichtig: Auch bei Ortsgesprächen in Bangkok die Ortsvorwahl 02 mitwählen!
Auskunft: Tel. 100 (international), Tel. 101 (national).
Internet: Viele Hotels und Cafés bieten ihren Gästen Internetzugang, bisweilen sogar kostenlos. Wer mit dem eigenen Laptop unterwegs ist, hat in vielen Hotels über WLAN Internetzugang. Wer ein internetfähiges Handy nutzen möchte, sollte sich eine Flatrate zulegen, denn manche Anbieter kassieren pro gesurfter Minute hohe Roaming-Gebühren.

Unterwegs in Bangkok

Sky Train und Subway

Das 24,5 km lange Bangkok Transit System (BTS) der **Hochbahn (Sky Train)**

Der Umwelt zuliebe – nachhaltig reisen

Viele Sehenswürdigkeiten und Einkaufszentren sind mit **Sky Train** und **Subway** bequem und umweltschonend erreichbar. Eine besondere Form des umweltfreundlichen Sightseeings sind **Radtouren** durch die Altstadt Rattanakosin sowie längere Touren entlang der Khlongs von Thonburi und auf der autofreien Insel Ko Kred nördlich von Bangkok.
Anbieter sind **Amazing Bangkok Cyclist** (Tel. 02 688 99 33, www.amazingbangkokcyclist.com), **Bangkok Bike Rides** (Tel. 02 712 53 05, www.bangkokbikerides.com) und **Recreational Bangkok Biking** (Tel. 02 285 39 55, www.bangkokbiking.com), Kosten: 1000–2500 Baht.

besteht aus der Sukhumvit Line zwischen Bearing im Osten und Mochit im Norden sowie der Silom Line zwischen National Stadium im Westen und Wongwian Yai im Süden. Zentrale Umsteigestation ist Siam Square. Der klimatisierte Sky Train (thailändisch *rot fai faa* – ›der schwebende Elektrozug‹) verkehrt tgl. 6–24 Uhr im 5-Minuten-Takt. **Auskunft:** Bangkok Transit System (BTS), Tel. 02 617 73 40, www.bts.co.th.

Ein schnelles und bequemes Fortbewegungsmittel ist auch die Untergrundbahn (**Subway**). Die U-Bahn-Linie (MRTA) beginnt beim Hauptbahnhof Hua Lamphong, führt in südöstliche Richtung und schwenkt der Thanon Ratchadaphisek folgend nach Norden. Die Endstation ist nahe dem Northern Bus-Terminal (Mochit). Die Züge verkehren tgl. 6–24 Uhr im 5-Minuten-Takt. **Auskunft:** MRTA, Tel. 02 612 24 44, www.bangkokmetro.co.th.
Fahrscheine: Tickets für Sky Train und Subway kosten je nach Zone 15–40 Baht, erhältlich in Automaten an den Bahnsteigen. Besuchern empfiehlt sich der ›One Day Pass‹ (130 Baht) für unbegrenzte Fahrten an einem Tag oder der ›Sky Smart Pass‹ für 20, 30 oder 40 Fahrten, erhältlich an den Schaltern an den Bahnsteigen. Umsteigemöglichkeiten von Sky Train zu Subway gibt es an den Stationen Sala Daeng/Silom, Asoke/Sukhumvit und Mochit/Chatuchak Park.

Stadtbusse

Busse mit oder ohne Klimaanlage fahren alle paar Minuten auf festgelegten Routen zwischen den Stadtteilen. Es gibt Haltestellen, aber keine festen Abfahrtszeiten. Einen Stadtplan mit allen Routen und Busnummern bekommt man für 60 Baht in vielen Supermärkten und Drogerien. Fahrscheine (ab 7 Baht) gibt es im Bus. **Auskunft:** Bangkok Mass Transit Authority (BMTA), Tel. 02 246 09 73, www.bmta.co.th.

Expressboote

Sicher, bequem und zugleich ein absolutes Highlight der Stadtbesichtigung sind die Expressboote, die tagsüber auf dem Mae Nam Chao Phraya verkehren (s. S. 75). Passagierboote verkehren nicht nur auf den Wasserwegen in Thonburi westlich des Mae Nam Chao Phraya, sondern auch auf der Bangkoker Seite des Flusses. Von der Anlegestelle Phanfa-Pier unterhalb des Phu Khao Thong (Golden Mount) nahe der Kreuzung Thanon Ratchadamnoen Klang und Thanon Ratchadamnoen Nok kann man auf dem Khlong Mahanak, der später in den Khlong San Sap übergeht, bis in die östlichen Vororte fahren.

Taxis

Lizenzierte Taxis mit Taxameter und Klimaanlage tragen ein gelbes Nummernschild und auf dem Dach ein beleuchtetes Schild ›Taxi Meter‹. Sie warten vor großen Hotels und in der Nähe von Touristenattraktionen, man kann sie aber auch am Straßenrand heranwinken oder telefonisch bestellen (Taxi Call Center, Tel. 16 61 und 16 81). Wenn Fahrer eines ›Taxi Meter‹ Festpreise verlangen oder andere Dienste anbieten, sollte man dankend ablehnen, aussteigen und ein anderes Taxi nehmen.

Das Tarifsystem: Grundgebühr 35 Baht für 2 km bzw. 2 Min., der weitere Fahrpreis errechnet sich aus gefahrenen Kilometern und Zeit. Für eine Taxifahrt von 5 km muss man mit 60–80 Baht rechnen. Die Expressway-Gebühren (20–40 Baht) gehen zu Lasten des Fahrgastes.

Tuk-Tuks

Die offenen, dreirädrigen Motorrad-Rikschas mit überdachter Sitzbank sind zwar originell, aber nur für kurze Distanzen zu empfehlen. Zudem kosten Tuk-Tuk-Fahrten Nerven, denn die Fahrer rasen vor allem nachts, als wollten sie Geschwindigkeitsrekorde brechen. Der Fahrpreis muss vorher ausgehandelt werden! Beliebt bei Einheimischen, aber ziemlich gefährlich sind Motorradtaxis.

Stadtrundfahrten

Viele Veranstalter von Sightseeing-Touren bieten auch Kreuzfahrten auf dem Mae Nam Chao Phraya an. Abfahrt meist beim River City Boat Tour Center (Tel. 02 237 00 77, www.rivercity.co.th). Buchung auch in Hotels und bei Reiseagenturen.

Überlandbusse

Klimatisierte und nicht klimatisierte Busse fahren von Bangkok in alle größeren Städte des Landes. Es gibt drei große Busbahnhöfe für den Fernverkehr: **Northern Bus Terminal** (Mochit Mai, ▶ nördl. J 1), Thanon Kamphaeng Phet, Tel. 02 93 62 84 18, für Busse nach Norden und Nordosten; **Southern Bus Terminal** (Saitai Mai, ▶ nördl. A 1): Thanon Phra Pin Klao, Tel. 02 894 61 22, für Busse nach Süden und Südwesten; **Eastern Bus Terminal** (Ekamai, ▶ östl. M 7): Thanon Sukhumvit, Tel. 02 391 68 46, für Busse nach Osten.

Züge

Hua Lamphong (▶ F 5): Thanon Rama IV, Samphan Thawong, Tel. 16 90, Subway: Station Hua Lamphong. Vom Hauptbahnhof führen fünf Eisenbahnlinien nach Norden, Nordosten, Nordwesten, Osten und Süden.

Reservierung: Klimatisierte Schlafwagen können ab 90 Tage im Voraus gebucht werden. Die Reservierung muss 48 Stunden vor Abfahrt bestätigt werden. Reservierungen und Fahrkarten beim Advance Booking Office (Mo–Fr 8.30–18, Sa, So 8.30–12 Uhr, Tel. 02 220 44 44). Reisenden, die Thailand mit der Eisenbahn kennenlernen wollen, empfiehlt sich der 20 Tage gültige ›Visit Thailand Rail Pass‹. Infos im Internet: www.railway.co.th/english/index.asp.

Leihwagen

Während der Hochsaison (Dez.–Feb.) sollte man Leihwagen schon vor der Reise buchen (Internet, Reisebüros). Die internationalen Mietwagenfirmen bringen das Fahrzeug zum Hotel und holen es dort auch wieder ab.

Avis: Tel. 02 255 53 00-4, www.avisthailand.com.

Budget: Tel. 02 203 92 22, www.budget.co.th.

15 x Bangkok direkt erleben

Innerhalb der Mauern des Grand Palace liegt Thailands prächtigste buddhistische Tempelanlage – der Wat Phra Kaeo. Das größte Heiligtum des Landes ist eine fantastische Welt, die man als Ausländer weder optisch noch geistig zu fassen vermag. Man fühlt sich auf Zwergengröße reduziert zwischen den filigranen Turmnadeln, zwischen den Wächterdämonen aus bunten Fayencen, mosaikgeschmückten Pagoden, mythologischen Fabelwesen und blitzenden Spiegeln.

1 | Ein königliches Ensemble – Wat Phra Kaeo und Grand Palace

Karte: ▶ C 4 | **AC-Bus:** 503, 508, 512 **Expressboot:** bis Tha Chang Ferry Pier

Betritt man das von einer weißen Mauer umgebene Gelände des Königstempels Wat Phra Kaeo und des Grand Palace, so fühlt man sich in die Zeiten des alten Siam zurückversetzt. Weit entfernt sind Straßenlärm und Verkehrschaos. Hier ist Thailand noch ganz Königreich und Märchenland.

Wat Phra Kaeo

Südlich des weitläufigen **Sanam Luang** (›Platz der Könige‹), der heute noch als königlicher Zeremonienplatz dient, erstreckt sich das etwa 2,5 km² große Areal des **Königspalastes** (Grand Palace) und des königlichen Palasttempels **Wat Phra Kaeo.** Besucher betreten Thailands prächtigste buddhistische Tempelanlage durch den Haupteingang, das **Visechaisri-Tor** (›Tor zum wunderbaren Sieg‹) an der Südseite des Sanam Luang. Im **Bot,** dem zentralen Heiligtum, das auch **Temple of the Emerald Buddha** 1 genannt wird, thront auf einem goldenen Altar, 11 m über den Gläubigen, der legendäre **Smaragd-Buddha,** die heiligste Buddha-Statue des Landes. Das kaum 75 cm hohe Bildnis aus grünem Nephrit, einer Jadeart, wurde vor über 500 Jahren in der Nähe des nordthailändischen Chiang Rai entdeckt und gelangte auf Umwegen nach Bangkok. Nach einigen wundersamen Geschehnissen sprachen ihm die Thai göttliche Macht zu, verknüpften mit ihm sogar das Schicksal ihres Landes. Um den Smaragd-Buddha oder Phra Kaeo angemessen zu beherbergen, ließ Rama I. 1782 den Wat Phra Kaeo erbauen. Dreimal jährlich wird mit großem Prunk das Gewand des Buddha gewechselt, ein Ritual, das dem Monarchen vorbehalten ist.

Gegenüber dem Bot des Smaragd-Buddhas steht auf einer Marmorterrasse der von zwei vergoldeten Chedis flankierte und von *kinaris* – mythologischen Mischwesen, halb Mensch halb Vogel – bewachte Königliche Pantheon, **Prasat Phra Thepidorm** 2, der lebensgroße Statuen der ersten acht Könige der Chakri-Dynastie beherbergt. Ein Prang im Thai-Stil krönt das kreuzförmige Bauwerk im Schnittpunkt seiner Staffeldächer.

In der Bibliothek, **Phra Mondhop** 3, mit pyramidenförmigem Dach werden heilige Schriften aufbewahrt. Das steinerne Modell der Tempelanlage von Angkor Wat nördlich der Bibliothek stammt aus der Zeit, als Kambodscha ein Vasallenstaat des Königreichs Siam war.

Der von König Mongkut Mitte des 19. Jh. errichtete Goldene Chedi, **Phra Sri Ratana** 4, der hinter der Bibliothek aufragt, wird besonders verehrt, da er Buddha-Reliquien enthält. Ganz bewusst hat man den Chedi, dessen vier Ecken von Prang im Khmer-Stil verziert werden, als genaues Abbild des Stupa im Wat Sri Samphet in Ayutthaya gestaltet, denn Pracht und magische Kräfte der bedeutendsten Bauwerke der alten Hauptstadt sollten auf Bangkok übertragen werden.

In der ebenfalls nördlich der Bibliothek aufragenden Andachtshalle **Phra Vihara Yod** 5 steht der Steinthron des Sukhothai-Königs Ramkhamhaeng, der heute noch als ›Vater Thailands‹ höchste Verehrung genießt. Die Wände des **Wandelgangs** 6, der den Tempelkomplex umgibt, sind mit Fresken bemalt. Auf 178 Feldern werden Episoden aus dem »Ramakien« dargestellt, der thailändischen Version des aus Indien stammenden »Ramayana«, dem hinduistischen Epos, in dem der gottgleiche Urheld Rama das Böse besiegt.

Königspalast (Grand Palace)

Vom Wat Phra Kaeo gelangt man durch ein Tor in der südwestlichen Ecke zum Königspalast. Die prachtvollen Bauten stammen aus unterschiedlichen Epochen, die bis zur Gründungszeit von Bangkok Ende des 18. Jh. zurückreichen und die jeweils vorherrschenden Stilrichtungen widerspiegeln. Vor allem unter den westlichen Einflüssen aufgeschlossenen Königen Mongkut oder Rama IV. (1851–1868) und Chulalongkorn oder Rama V. (1868–1910) brachten aus Europa übernommene Baustile in Verbindung mit den traditionellen

Übrigens: Es gibt eine eigene **Tempel-Terminologie.** Eine Tempel- oder Klosteranlage mit verschiedenen Gebäuden trägt die Bezeichnung *wat*. Das zentrale Heiligtum mit dem wichtigsten Buddha-Bildnis nennt man *bot*. Hier finden die Weihe und andere Zeremonien des Mönchslebens statt. Als größtes Gebäude eines Wat ist die öffentliche Gebetshalle *vihara* allen Gläubigen zugänglich. Manche Tempel besitzen mehrere Vihara, die man für bestimmte Buddha-Statuen errichtete. In der *mondhop* genannten Bibliothek, einem quadratischen Bau mit gestuftem Dach, bewahrt man heilige Schriften, *tripitaka*, auf. *Sala* ist ein offener Speise- und Ruheraum, dessen Dach von Säulen getragen wird.
Stupa ist der allgemeine Begriff für einen sich nach oben verjüngenden Sakralbau, der in der Basis häufig Reliquien birgt. In Thailand unterscheidet man zwei Formen von Stupas – den glockenförmigen *chedi,* der aus Ceylon stammt, und den phallusähnlichen *prang,* den die Thai aus der Khmer-Architektur übernommen haben. *Prasat* ist die allgemeine Bezeichnung für einen Tempel oder ein Heiligtum, kann aber auch für einen königlichen Palast stehen.

Übrigens: Die königliche Familie hält sich heute nur noch an hohen Feiertagen im Grand Palace auf. Bhumipol Adulyadej, der neunte Rama, residiert im nicht zugänglichen Chitralada Palace gegenüber dem Dusit Zoo. Der alte Königspalast wird dagegen für Empfänge, Staatsbankette und andere offizielle Anlässe genutzt.

Thai-Stilen eine formenreiche Architektur hervor.

Im **Phra-Maha-Montien-Komplex** auf der Ostseite des inneren Hofes residierten einst König Rama II. und seine beiden Nachfolger. Von dem aus drei hintereinander liegenden Trakten bestehenden Hauptbau ist nur die **Amarindra Vinichai Hall** 7 zugänglich, in der während der Regentschaft von Rama I. der königliche Gerichtshof tagte. Später bildete das im reinen Thai-Stil errichtete Bauwerk den würdevollen Rahmen für Krönungsfeierlichkeiten. Das dem Stil der italienischen Renaissance nachempfundene **Boromabiman-Gebäude** 8 links vom Phra-Maha-Montien-Komplex ließ König Chulalongkorn 1882 als Residenz der Kronprinzen errichten.

Im Zentrum des Areals steht die ehemalige königliche Residenz **Chakri Maha Prasat** 9, die 1872 anlässlich des 100-jährigen Gründungstages der Chakri-Dynastie nach Entwürfen eines englischen Architekten erbaut wurde. Sie zeigt einen asiatisch-europäischen Mischstil mit viktorianisch inspirierter Fassade und spitzgiebeligen siamesischen Staffeldächern. Ein zweiteiliger, von steinernen Elefanten flankierter Freitreppenbogen führt in ein Foyer im ersten Stock, von dem nach beiden Seiten Audienzräume mit Porträts thailändischer Könige und Prinzen abzweigen. Im dahinter liegenden, prunkvoll im europäischen Stil mit Marmorsäulen und Kassettendecken, Kristalllüstern und Historiengemälden ausgestatteten **Thronsaal** empfingen einst die Chakri-Könige ausländische Botschafter. Dabei saßen sie auf dem prachtvollen vergoldeten Holzthron, über dem ein neunfach gestufter Schirm hängt, eines der Königssymbole.

Rechter Hand erhebt sich als ein besonders schönes Beispiel der klassischen Thai-Architektur die Krönungs- und Audienzhalle **Dusit Maha Prasat** 10 mit kreuzförmigem Grundriss. Die vierfach gestaffelten, von *garudas* getragenen Dächer der vier Flügel krönt eine neunstufige Pagode. In dem 1789 errichteten ältesten Bauwerk der Anlage werden seit dem Tod des ersten Rama verstorbene Mitglieder der Königsfamilie vor ihrer Einäscherung auf dem Sanam Luang aufgebahrt. Besonderes Augenmerk verdient der goldene Thron mit kunstvollen Perlmuttintarsien im ehemaligen Krönungssaal.

Der kleine, graziöse Pavillon **Amporn Phimok Prasat** 11 vor der Audienzhalle gilt wegen der prächtigen Dekoration und harmonischen Proportionen als vollkommenster Pavillon Thailands. Dort legte der Monarch einst seine Zeremonialgewänder und Insignien an, bevor er die Audienzhalle betrat.

Auf dem Areal des Königspalastes kann man auch das **Wat Phra Kaeo Museum** 12 mit einer Sammlung sakraler Kunst aus mehreren Jahrhunderten besichtigen. Es ist in einem Verwaltungsgebäude an der Nordwestseite des Geländes untergebracht. Numismatiker werfen gern einen Blick in das Museum mit den **Königlichen Münz- und Dekorationssammlungen** 13 in dem Gebäude vor dem Zugang zum Wat Phra Kaeo.

Infos

Für die Besichtigung des Areals um den Wat Phra Kaeo und den Grand Palace sollte man mindestens 2–3 Std. einplanen.

Wat Phra Kaeo: www.palaces.thai.net, tgl. 8.30–15.30 Uhr; Besucher in ›unschicklicher Garderobe‹ (dazu gehören etwa Shorts, T-Shirts, Miniröcke oder schulterfreie Kleider, aber auch zum Beispiel Gummisandalen) müssen sich beim Kassenhäuschen neu einkleiden lassen.

Eintritt (inklusive Königspalast, Vimanmek-Teakpalast und königlicher Münzsammlung): 400 Baht, Kinder unter 125 cm gratis

Grand Palace: Mo–Sa 8.30–12, 13–15.30 Uhr, Führungen auf Englisch um 10, 10.30, 13.30, 14 Uhr. So und an buddhistischen Feiertagen bleiben die Palastgebäude geschlossen, und sie sind ebenfalls nicht zugänglich, wenn sich die Königsfamilie im Palast aufhält.

Essen und Trinken

Nur einige Schritte vom Grand Palace entfernt liegt der **Royal Thai Navy Club** 1. Der Name und die Thai-Gerichte sind königlich, die Einrichtung ist es nicht gerade. Auch wenn hier die Angestellten des königlichen Marine-Hauptquartiers speisen, stehen die beiden einfachen, oft vollen Restaurants im Royal Thai Navy Club Building (Thanon Mahathat, Rattanakosin) beim Tha Chang Ferry Pier allen offen. Im **Navy Club 77** (Tel. 02 262 55 69, tgl. 9–22 Uhr, Gerichte 70–150 Baht) sitzt man in klimatisiertem Komfort. Mit etwas Glück gibt es einen Tisch im Terrassenrestaurant **Krua Khunkung** (Tel. 02 192 25 25, tgl. 11–14, 16–22 Uhr, Gerichte 80–200 Baht) ganz nah am Fluss – der Blick verdient fünf Sterne.

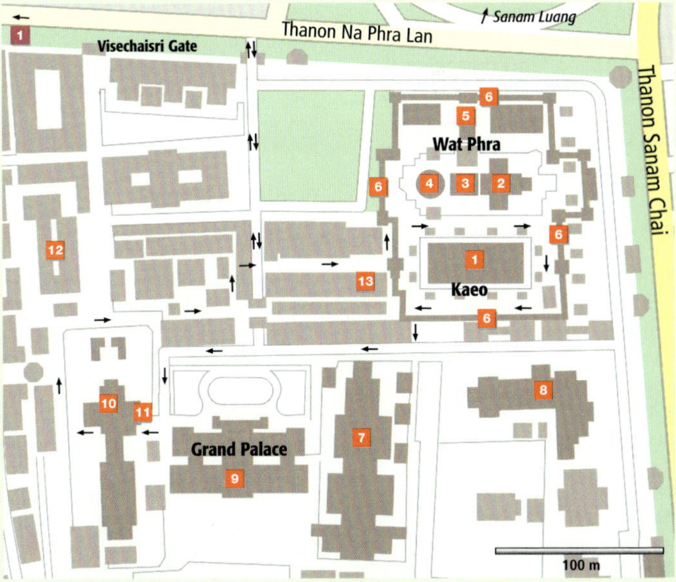

2 | Oasen der Ruhe – Tempel rings um den Sanam Luang

Karte: ▶ C 3/4–E4
AC-Bus: 503, 508, 512, **Expressboot:** bis Tha Chang Ferry Pier

Am ›Platz der Könige‹ liegen mit dem Wat Phra Kaeo und dem Grand Palace die kulturellen Highlights von Bangkok. Dieser Spaziergang führt nun zu weniger bekannten Tempelanlagen, die sich um den Sanam Luang als Oasen der Ruhe im Chaos der Großstadt zeigen.

Lak Muang

Als Ausgangspunkt empfiehlt sich **Lak Muang** 1 an der Ostseite des Sanam Luang. Der kleine Sakralbau mit einer fast 3 m hohen Holzsäule, die Rama I. zum Gedenken an die Gründung der neuen Hauptstadt 1782 errichten ließ, gilt als Wohnstatt für Bangkoks Schutzgeist (*phi muang*). Tag und Nacht bringen Gläubige hier Opfergaben dar, und bekleben eine Kopie des phallusförmigen Pfeilers mit Goldplättchen. Lotteriespieler bitten um das große Glück. Manche kaufen vor dem Schrein Schildkröten oder Vögel und lassen sie frei. Wenn die Tiere ihre Freiheit zurückerhalten, erfüllen sich die Wünsche der Gläubigen. Ist das dann geschehen, bindet man bunte Tücher um die Säule oder dankt dem Schutzgeist, indem man eine Darbietung klassischer Thai-Tänze im Tempelhof finanziert.

Wat Ratchabophit

An der weißen Umfassungsmauer des Grand Palace entlang führt der Weg über die Thanon Sanam Chai zum kleinen Park Suan Saranrom. Jenseits des Kanals Khlong Lod Wat Ratchabophit, den man auf der Saphan-Hok-Brücke überquert, liegt der wenig besuchte **Wat Ratchabophit** 2. Den 1869 unter König Mongkut errichteten Tempel überragt ein 43 m hoher Chedi, umgeben von einem kreisförmigen Wandelgang aus Marmorsäulen, der von einem Bot und drei Vihara durchbrochen wird. Chedi und Wandelgang sind mit goldfarbenen Keramikkacheln verkleidet, eine Spende reicher chinesischer Kaufleute, die sich damit der Gunst des Herrschers versichern wollten. Auffallend sind die fein gearbeiteten Schmuckelemente in den Giebelfeldern der Gebetshallen sowie die auf einer heiligen Naga-Schlange thronende Buddha-Statue im zentralen Heiligtum, die Züge der Khmer-Kunst trägt.

Wat Suthat

Weiter geht es zur großen Tempelanlage **Wat Suthat** 3, deren Ursprünge in das frühe 19. Jh. zurückreichen. Im Bot, einem der vollkommensten Bauwerke der Bangkok-Zeit, das sich im Innenhof auf einer dreistufigen Plattform erhebt, sitzt der imposante, über 8 m hohe Buddha Phra Sri Sakyamuni vor einer Versammlung seiner 80 wichtigsten Jünger. Die im 14. Jh. gegossene, mit Gold überzogene Statue gilt als größte Bronzeskulptur ihrer Zeit, zugleich auch als eines der schönsten Buddha-Bildnisse im Sukhothai-Stil. Als Glanzstücke der dekorativen Kunst Thailands gelten die kunstvollen Holzschnitzereien der Fenster- und Türflügel des zentralen Heiligtums. In manchen Details werden chinesische Einflüsse sichtbar.

Berühmt ist der Tempel zudem für die kunstvollen Fresken in der Vihara, die auf einer Fläche von über 2000 m² Episoden aus dem Leben des Buddha oder Szenen aus dem »Ramakien« erzählen. Die Wandmalereien aus dem frühen 19. Jh. sind ein ausgezeichnetes Beispiel für die klassische Thai-Malerei, bei der die gezeigten Szenen ineinander übergehen, sich Zeit, Raum und Perspektive überlagern und zusammen mit dekorativen Elementen ein die gesamte Innenfläche des Tempels überziehendes Gemälde bilden.

In einer Ecke des Wat stellt eine Sammlung von Steinstatuen europäische Soldaten dar. Die Bildnisse, die wie Karikaturen wirken, sind die Werke von chinesischen Bildhauern, die aus China zurückkehrenden Reisbooten als Ballast dienten. Ein Wandelgang mit insgesamt 156 Buddha-Statuen umgibt die Tempelanlage.

Eines der wichtigsten Heiligtümer der in Bangkok lebenden Hinduisten ist der schräg gegenüber dem Wat Suthat gelegene **Vishnu Mandir Temple** (s. S. 51). Der kleine schattige **Rommani Nart Park** einige Schritte südlich ist ein guter Ort, um beim Sightseeing in der Altstadt eine Pause einzulegen.

Sao Ching Cha

Vor dem Wat Suthat ragt **Sao Ching Cha** 4 in den Himmel. Auf der rot lackierten, 25 m hohen Gigantenschau-

Übrigens: Beim Besuch buddhistischer Tempel sollte man sich angemessen kleiden. So wird Frauen, die zu viel Dekolleté und Knie zeigen, oder Männern in kurzen Hosen, T-Shirts und Sandalen der Zutritt zum Wat Phra Kaeo und anderen bedeutenden Tempeln verweigert. In der Regel darf man im Tempelhof Schuhe tragen, vor dem Betreten der Gebetshalle und anderer sakraler Bauten muss man sie jedoch ausziehen. Der Respekt gebietet, Buddha-Statuen nicht zu berühren – vor allem nicht am Kopf! – und ihnen oder anderen heiligen Symbolen beim Sitzen nicht die Füße entgegenzustrecken. Da buddhistische Mönche und Novizen Frauen nicht berühren dürfen, müssen Opfergaben zunächst einem männlichen Begleiter ausgehändigt werden, der sie dann weiterreicht. Auf keinen Fall dürfen sich Frauen neben Mönche setzen oder sich mit ihnen fotografieren lassen.

kel aus Teakholzstämmen schwangen sich bis in die 1930er-Jahre alljährlich während eines brahmanischen Festes zu Ehren des Hindu-Gottes Shiva junge Männer in die Lüfte. Ihr Ziel war es, mit den Händen oder dem Mund eine Geldbörse zu greifen, die an einer ebenso hohen Bambusstange befestigt war. Nach mehreren tödlichen Unfällen wurden die Schaukelwettkämpfe auf Anordnung des Königs eingestellt.

In den Geschäften für Tempelzubehör und Devotionalien in der Thanon Bamrung Muang kaufen Einheimische alles, was sie für den Tempelbesuch oder zur Ausstattung ihres Hausaltars benötigen. Von Almosenschalen und Räucherstäbchen über Buddha-Bildnisse und vergoldete Bodhi-Bäume bis zu Zeremonienschirmen und geschnitzten Altartafeln ist hier alles erhältlich. Die vor den Läden ausgestellten gelben Plastikeimer mit kleinen Präsenten überreichen Gläubige beim Tempelbesuch den dort lebenden Mönchen.

Wat Ratchanatda

An der Thanon Maha Chai nach links abbiegend und vorbei am unscheinbaren **Wat Thepthidaram,** in dessen Nähe sich ein kleiner Amulett- und Devotionalienmarkt befindet, gelangt man zum **Wat Ratchanatda** 5. Im Zentrum der Tempelanlage fällt ein Kuriosum auf, der **Loha Prasat** von 1846, ein Ensemble kleiner Türmchen mit Eisenspitzen, die sich auf drei quadratischen, übereinandergestaffelten Ebenen erheben. Die 37 Turmspitzen repräsentieren die 37 Phra Phothi Pakkhi Yatham – die 37 buddhistischen Tugenden, die zur Erleuchtung führen. Indische und ceylonesische Vorbilder sollen hier Pate gestanden haben. Bisweilen öffnen freundliche Mönche den Zugang zur Wendeltreppe, die zur obersten Plattform des ›Eisenpalastes‹ führt. Von oben bietet sich ein schöner Blick über den Tempel zum Phu Khao Thong oder **Golden Mount** 6, der jenseits des Khlong Ong Ang aufragt.

Golden Mount und Wat Sakhet

Sein edles Attribut verdankt der etwa 70 m hohe, künstlich aus Erdreich und Bauschutt angelegte Hügel dem golden glänzenden Chedi des Wat Sakhet, der sich auf seinem Plateau erhebt. Vom Wat Sakhet am Fuße des ›Goldenen Berges‹ führt ein Treppenpfad mit 318 Stufen zur Pagode, mit deren Bau man unter Rama III. Mitte des 19. Jh. begann. Im Reliquienturm wird eine hochverehrte Kostbarkeit aufbewahrt – ein Zahn des Buddha, den der britische Vizekönig von Indien 1897 König Chulalongkorn überreichte. Als eines der anmutigsten erhaltenen Gebäude im Rattanakosin-Stil gilt die Ende des 18. Jh. errichtete Bibliothek. Sie besitzt außergewöhnlich schöne, reich geschnitzte Täfelungen mit chinesischen Motiven und mit schwarzgoldenen Lackmalereien verzierte Fensterläden. Alljährlich im November findet am Golden Mount ein prachtvolles Tempelfest statt, bei dem Mönche in einem endlosen Zug zum Chedi strömen.

Wat Bowonniwet

Vorbei am **Democracy Monument** (s. S. 46) geht es zum **Wat Bowonniwet** 7 aus der Mitte des 19. Jh. Prinz Mongkut lebte hier 27 Jahre als Mönch, bevor er 1851 als Rama IV. die Nachfolge seines Halbbruders antrat. Da er zuvor als Wandermönch durch Siam gezogen war, kannte er im Gegensatz zu seinen Vorgängern, die im Palast aufgewachsen und zeit ihres Lebens nur von Höflingen umgeben waren, die Sorgen und Nöte seiner Untertanen. Er gründete den Mönchsorden Thammayuth. Die Angehörigen dieses Ordens, der nach sehr strengen Grundregeln lebt, sind noch heute an ihren dunkleren Roben zu erkennen. Seit den Zeiten König Mongkuts ziehen sich alle Thronfolger für einige Zeit in dieses Tempelkloster zurück. Heute residiert im Wat Bowonniwet der Sangha Raja (›König der Mönchsgemeinschaft‹), das Oberhaupt des buddhistischen Klerus in Thailand. Im Bot thront der hochverehrte **Phra Buddha Chinasara,** eine weitere schöne Buddha-Statue im Sukhothai-Stil. Die europäisch inspirierten Wandmalereien im Hauptheiligtum greifen neben religiösen auch weltliche Themen auf.

Wat Mahathat

Der Rundgang endet beim **Wat Mahathat** 8 am Sanam Luang. Das von Rama I. Ende des 18. Jh. gegründete Kloster ist als Sitz der Mahachulalongkornrajvidyalaya-Universität das Zentrum der buddhistischen Lehre in Bangkok. Die Meditationsschule des Tempels bietet Kurse für Besucher an (s. S. 73).

Dauer und Öffnungszeiten

Länge: 4–5 km.
Dauer: 4–5 Std.
Öffnungszeiten und Eintritt: In der Regel tgl. .7.30/8.30–17.30/18.30 Uhr, meist 20 oder 30 Baht. Wird kein Eintritt verlangt, so erwartet man eine kleine Spende.

Glückssteine, Talismane und Handleser

Nahe dem Wat Mahathat floriert der bekannteste **Amulettmarkt** 1 Bangkoks. Unter den Dächern zahlreicher Marktstände haben die Verkäufer von Amuletten und Talismanen, von Votivtäfelchen und Glückssteinen Hochkonjunktur. Auch Astrologen, Geomanten und Handleser, die ihre Stände in der Nähe aufgebaut haben, leben gut vom Aberglauben der Thai und Touristen. Sie werden regelmäßig befragt, um das günstigste Datum für ein wichtiges Ereignis herauszufinden, und Studenten der nahen Thammasat-Universität lassen sich ihre Prüfungsergebnisse vorhersagen.

Essen und Trinken

Thai-Gerichte vom Feinsten bietet abseits des Sanam Luang das Restaurant **Chote Chitr** 1 (s. S. 91).

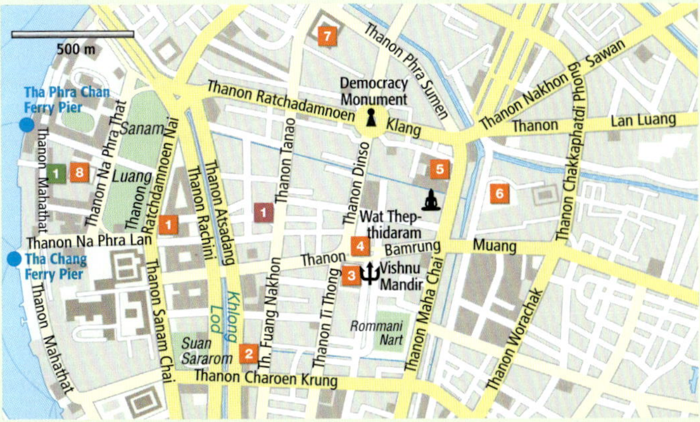

3 | Der Tempel des Ruhenden Buddha – Wat Pho

Karte: ▶ C 5 | **AC-Bus:** 503, 508, 512, **Expressboot:** bis Tha Thien Ferry Pier

Sie fühlen sich nach dem Tempel-Sightseeing rings um den Sanam Luang erschöpft? Dann ist eine Thai-Massage im Wat Pho genau das Richtige für Sie. Bangkoks zweitältester Tempel ist nicht nur kunsthistorisch bedeutsam, dort kann man sich in der bekanntesten der traditionellen Massageschulen Bangkoks kneten, dehnen und lockern lassen.

Der berühmte Ruhende Buddha

Südlich des Großen Palastes liegt der **Wat Pho,** der 1789 von Rama I. als Universität für buddhistische Studien und volkstümliche Medizin errichtet wurde. Die **Vihara Phra Non** 1 im nordwestlichen Bereich beherbergt Thailands berühmtesten **Ruhenden Buddha:** Die 46 m lange, 15 m hohe Kolossalstatue zeigt den Erhabenen, mit geschlossenen Augen auf der rechten Körperseite liegend, in dem Augenblick, in dem er vom ewigen Zyklus der Wiedergeburten befreit wird und ins Nirvana eingeht. Die Statue wurde im 19. Jh. unter Rama III. aus Ziegeln gemauert und mit Gips, Lack und Blattgold überzogen. Auf den Sohlen der überdimensionalen Füße sieht man die 108 mit Perlmutt eingelegten heiligen Symbole und Attribute des wahren Buddha.

Das Hauptheiligtum

Wegen seiner harmonischen Proportionen und kunstvollen Dekorationen gilt der **Bot** 2, das zentrale Heiligtum der verschachtelten Tempelanlage, als ein Juwel thailändischer Sakralarchitektur. Eingehende Betrachtung verdienen die mit Perlmuttintarsien verzierten Teakholztüren und die prächtigen Holzschnitzereien der vergoldeten Fensterläden. Umgeben ist das Hauptheiligtum, dessen vier Seiten jeweils eine **Vihara** 3 vorgebaut ist, von drei großen und mehr als 70 kleinen, reich mit bunten Scherbenmosaiken verzierten Chedis. In den **Wandelgängen** 4 um den Bot stehen insgesamt 394 meist vergoldete Buddha-Statuen aus verschiedenen Stilepochen. Angeblich wurden sie von Rama I. aus den Ruinen Ayutthayas gerettet.

Skulpturen und Gemälde

Den Wat Phra Chetuphon (so der vollständige Name des Tempels) umgibt eine Mauer, deren 16 Tore grimmige und mit Keulen bewaffnete Riesen (*yaksha*) bewachen. Zu Ehren seiner Vorfahren ließ Rama I. den Tempel mit vielen chinesischen Kunstgegenständen ausstatten, wobei sich einige chinesische Krieger aus Stein in dieser Umgebung recht sonderbar ausnehmen. Im äußeren Hof findet man eine Sammlung von **Rishi-Statuen** 5, steinere Bildnisse von heiligen Eremiten. Sie zeigen verschiedene Yoga-Stellungen, die physische und mentale Beschwerden lindern sollen.

Zur Anlage gehören ein **Kloster** und ein Lehrzentrum für traditionelle Thai-Medizin und -Massage.

Infos

Tel. 02 225 95 95, www.watpho.com, tgl. 8–17 Uhr, 50 Baht.

Thai-Massage im Wat Pho

Der Wat Pho ist nicht nur ein kunsthistorisch bedeutsames Highlight. Auf dem Gelände werden **Massagen** 1 angeboten, und zwar nach der Methode der renommierten Wat Pho Thai Traditional Medical and Massage School, die allerdings selbst wegen Platzmangels umziehen musste.

Die traditionelle Thai-Massage ist kein Zuckerschlecken. Die klassische thailändische Heilmassage kennt keine warmen Hände, die sanft über den Körper streichen, ihre Kennzeichen sind kraftvolle Griffe und energische Tritte sowie von Knackgeräuschen begleitete Verrenkungen. Sie umfasst den ganzen Körper, zielt auf die Druckpunkte der Meridiane und verbindet die Stimulierung des Flusses der Körperenergie mit dem Strecken und Dehnen der Glieder und Muskeln. Thai-Massage ist also Schwerstarbeit. Achtung: Die authentische Wat-Pho-Massage gibt es nur auf dem Tempelgelände. Man sollte sich nicht von Schleppern in außerhalb gelegene Massagepraxen locken lassen.

Wer möchte, kann sich auch nur eine halbe oder ganze Stunde lang (250/400 Baht) lockern lassen – einfach vorbeigehen und etwas Zeit mitbringen (tgl. 8–17 Uhr, Tel. 02 622 35 51).

Für Kurse in der berühmten Wat Pho Thai Traditional Medical and Massage School sollte man sich rechtzeitig anmelden (Ta-Sahakom Building, 392/25–28 Soi Pen Phat, Thanon Mahathat, Tel. 02 622 35 33, www.watpo massage.com).

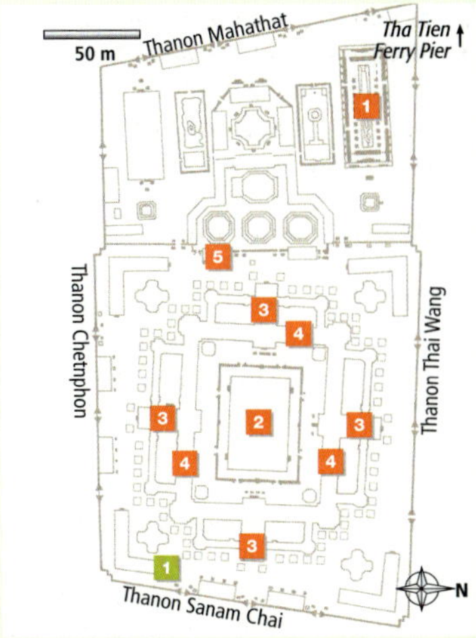

4 | Die Thai kennenlernen – das Museum of Siam

Karte: ▶ C 5/D 5
AC-Bus: 503, 508, 512, **Expressboot:** bis Rachinee Ferry Pier

Im ehemaligen Wirtschaftsministerium nahe dem Wat Pho wird thailändische Geschichte und Kultur mittels modernster Museumspädagogik auf sehr unterhaltsame Weise präsentiert: interaktiv, per Video- und Computeranimation, zweisprachig Thai-Englisch, mit vielen Knöpfen zum Drücken und Sachen zum Anfassen und Ausprobieren. Ein Museum, in dem keine Langeweile aufkommt.

Wer sind die Thai? Was ist typisch thailändisch?

Eine gute Einstimmung auf den zweistündigen Rundgang bietet das Immersive Theatre. Ein fesselndes, fünfminütiges Video mit englischen Untertiteln, das Thailand schlaglichtartig zwischen Tradition und Moderne zeigt, geht der Frage nach »Wer sind die Thai?« »Was ist typisch thailändisch?« – diese Frage steht im Mittelpunkt der Ausstellung in Saal 2. Sind es die farbenfrohen Tuk-Tuks oder das berühmte Thai-Boxing oder andere Klischees, die man oft mit Thailand verbindet?

Streifzug durch die Geschichte Thailands

Die didaktisch exzellent aufgebauten Ausstellungen und fantasievollen Darstellungen in den Sälen 3–10 laden zu einer Zeitreise durch die Geschichte Thailands ein, vom geheimnisvollen Königreich Suvarnabhumi, das indische Einwanderer vor 2500 Jahren südlich des heutigen Bangkok gründeten, über die Königreiche von Sukhothai und Ayutthaya bis zur Herrschaft der Chakri-Dynastie und der Gründung Bangkoks. Anschaulich wird dargestellt, weshalb Sukhothai, das 1238 gegründete, erste unabhängige Königreich auf thailändischem Boden, bereits Mitte des 14. Jh. einen raschen Niedergang erfuhr und vom aufstrebenden Ayutthaya einverleibt wurde, bevor dieses Königreich, das vier Jahrhunderte lang das südostasiatische Machtzentrum schlechthin bildete, 1767 von den Burmesen in Schutt und Asche gelegt wurde. Besonders beleuchtet werden die Themenkreise absolute Monarchie, Gottkönigtum und Krieg mit Nachbarstaaten.

Dabei wird die Landesgeschichte nicht trocken präsentiert, vielmehr gibt es überall Knöpfe zu drücken und Hebel zu bewegen, animieren interaktive Displays die Besucher zum Mitmachen und spielerischen Entdecken. Ein ›Abenteuerspielplatz‹ für alle Lernlustigen, die Geschichte gern als Fun und Kultur zum Anfassen und Ausprobieren erleben möchten.

Siam im Wandel

Die Ausstellung im Saal 11 illustriert die Dorfgemeinschaft als Basis der traditionellen Thai-Gesellschaft. In Saal 12 kündigt sich der Wandel an. Durch die Öffnung des Landes für Handelsgesellschaften aus Europa unter König Mongkut (1851–1868) und König Chulalongkorn (1868–1910) gerät das Königreich von Siam in den Sog der frühen Globalisierung. Verwaltung, Militär und Bildungssystem werden nach westlichen Vorstellungen reformiert, Architektur, Kunst und Alltagskultur orientieren sich zunehmend an westlichen Vorbildern. In Saal 13 wird der Übergang von der absoluten zur konstitutionellen Monarchie dargestellt und erläutert, wie aus dem Königreich von Siam Thailand wurde, das ›Land der Freien‹. Auch greift man hier ein heißes Eisen auf – die Überbetonung des Thai-Tums unter dem nationalistischen General Phibul Songkram, der sich 1939 an die Macht geputscht hatte und die Pan-Thai-Doktrin postulierte, welche die Vereinigung aller Thai-Völker in einem Großreich unter der Führung von Bangkok anstrebte. Die Attraktion von Saal 14 ist ein Café mit Originalmobiliar der 1960er-Jahre, das zum Platznehmen einlädt.

Thailand heute und morgen

Auf Dutzenden von Monitoren werden in Saal 15 die zahllosen, mitunter widersprüchlichen Facetten des modernen Thailand dargestellt, aber auch die Fähigkeit der Thai aufgezeigt, Gegensätzliches zu vereinen. Thailand – ein Mosaik aus Tradition und Moderne, ein Faszinosum voller Widersprüche, die im Denken der Thai aber gar keine sind.

Infos

Museum of Siam 1: Tel. 02 225 27 77, www.museumofsiamproject.com
Öffnungszeiten: tgl. außer Mo 10–18 Uhr, 300 Baht, Kinder unter 16 und Senioren über 60 Jahre gratis.

Essen und Trinken

Nur ein paar Schritte von Wat Pho und Museum of Siam entfernt liegt am Mae Nam Chao Phraya **Vivi – The Coffee Place** 1 (394/29 Thanon Mahathat, Phra Nakhon, Tel. 02 226 46 72, tgl. 9–22 Uhr). Von der Terrasse des Cafés genießt man bei Kaffee, Kuchen und hausgemachter Eiscreme einen unvergleichlichen Blick auf den Wat Arun. Tipp: Caramel Latte mit Vanilleeis.

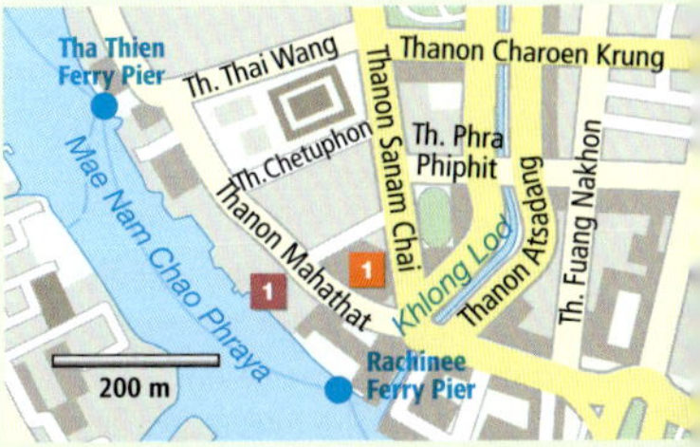

5 | Entdeckungsfahrt auf den Khlongs von Thonburi

Karte: ▶ C 3/4, B 3, A 2

Während man in Bangkok im Zuge der Landgewinnung für die explodierende Motorisierung einen Großteil der Kanäle, welche die Stadt einst durchzogen, zugeschüttet hat, ist in Thonburi am Westufer des Mae Nam Chao Phraya das verbliebene Wasserstraßennetz nach wie vor unverzichtbar für den Personennahverkehr und Warentransport. Zudem sind die Khlongs eine Attraktion für Touristen aus aller Welt.

›Venedig des Ostens‹

Einst glich Bangkok, durchzogen von Kanälen, Flüssen und Bächen mit einer Gesamtlänge von mehr als 2000 km, einer schwimmenden Stadt, in der die Menschen zum größten Teil auf Booten oder in leichten Häusern auf Stelzen wohnten. Zur Zeit der Stadtgründung Ende des 18. Jh. wurde der Personen- und Warenverkehr über diese künstlichen und natürlichen Wasserwege abgewickelt. In den Stadtteilen am Ostufer des Mae Nam Chao Phraya schüttete man zahlreiche Khlongs zu, um aus Wasserstraßen solche für den Autoverkehr zu machen.

Aber in Bangkoks Schwesterstadt Thonburi, die sich im Westen des mächtigen Flusses ausbreitet, erfüllen die Khlongs heute noch die gleichen Aufgaben wie vor gut 200 Jahren, als das »Venedig des Ostens« angelegt wurde. In dem von Wasserwegen in ein Mosaik aus Inselchen zerstückelten Stadtgebiet findet man malerische Viertel, in denen neben einfachen Arbeitern durchaus auch wohlhabende Bürger wohnen, oft schon seit Generationen, weil es Unglück bringt, das Haus der Ahnen zu verkaufen.

Wat Rakhang Khositaram

Am jenseitigen Ufer des Mae Nam Chao Phraya (›Fluss der Könige‹), durch dessen braune Fluten sich Konvois von tief im Wasser liegenden Schleppkähnen mit Gütern aus den nördlichen Provinzen gemächlich ihren Weg bahnen, liegt der **Wat Rakhang Khositaram** 1. Die Ursprünge des von Touristen wenig besuchten Tempels reichen in das späte 17. Jh. zurück, als Ayutthaya noch Hauptstadt des Reiches von Siam war.

Den Bot dominiert ein sitzender Dhyana-Mudra-Buddha in meditativer Versenkung. Die kunstvollen, geschnitzten Holztüren und Fensterläden der Bibliothek, in der Rama I. während seiner Mönchszeit lebte, zeugen von der handwerklichen Virtuosität ihrer Schöpfer. Ebenso wie die **»Ramakien«-Wandmalereien** werden sie von Experten zu den hervorragendsten Beispielen des Ayutthaya-Stils im ganzen Land gezählt.

Das Königliche Barkenmuseum

Weiter geht es, vorbei am **Sirirat Hospital** 2, dem auf Geheiß von König Chulalongkorn erbauten ersten modernen Krankenhaus der Stadt, und dem Anfang des 18. Jh. in der Ayutthaya-Periode errichteten **Wat Amarin Traram** 3, zum Khlong Bangkok Noi. Ein Blick in das Königliche Barkenmuseum, **The Shed of the Royal Barges** 4, nahe der Mündung des Kanals in den Mae Nam Chao Phraya macht mit der amphibischen Vergangenheit der Königsstadt bekannt. Die dort ausgestellten, mit prachtvollen Holzschnitzereien und Lackarbeiten dekorierten Boote benutzte schon Rama VI., um am Ende der buddhistischen Fastenzeit bei der pompösen Kathin-Zeremonie neue safranfarbene Roben und andere Geschenke vom Grand Palace zu den Mönchen des Wat Arun zu bringen. Das Flaggschiff der über 50 Boote umfassenden Prunkflotte, die heute nur noch bei hohen Festen ausläuft, ist die stolze 45 m lange königliche Barke **Sri Suphannahongse.** Sie wurde aus einem einzigen mächtigen Teak-Baum gefertigt und benötigt eine Mannschaft von mehr als 50 Ruderern. Am Bug des Bootes ragt Hamsa auf, das schwanenähnliche mythische Reittier des Hindu-Gottes Brahma.

Weitere Barken sind mit Naga-Schlangen, Garuda-Vögeln oder anderen Gestalten der hindu-buddhistischen Mythologie geschmückt.

Wat Suwannaram

Aus der späten Ayutthaya-Epoche stammt auch der **Wat Suwannaram** 5, der sich hinter einer Biegung des **Khlong Bangkok Noi** erhebt. Die Attraktion dieses auch Wat Thong (›Goldener Tempel‹) genannten Tempels sind die ungewöhnlichen Wandgemälde des Bot, die der chinesische Künstler Khong Paeh während der Herrschaftszeit von Rama III. schuf. Die Fresken illustrieren Episoden aus den »Jatakas«, den lehrhaften Legenden über die früheren Existenzen des Buddhas. Zudem besticht das zentrale Heiligtum durch ausgewogene Proportionen und die Eleganz der geschwungenen Dächer.

Ganz in der Nähe des Tempels erstreckt sich am Ufer des Khlong Bangkok Noi die Siedlung **Baan Bu** 6. Die dort ansässigen Kunsthandwerker sind direkte Nachfahren der Ayutthaya-Flüchtlinge und fertigen in einem uralten Verfahren die *khan long hin* genannte Schüsseln aus einer Gold-Kupfer-Zinn-Legierung.

Zu versteckten Sehenswürdigkeiten

Verlässt man den breiten Khlong Bangkok Noi, gleitet man durch ein Labyrinth aus schmalen Wasserwegen hinein in ein ganz anderes Bangkok. Trotz der dröhnenden Außenbordmotoren der ›Langschwänze‹ erlebt man hier noch die Geruhsamkeit des amphibischen Lebens am und auf dem Wasser.

Die Fahrt geht vorbei an Teakholzhäusern, die zum Schutz vor Hochwasser auf Pfählen stehen. Dank dieser Bauweise bleibt die Privatsphäre der Bewohner vor tieferen Einblicken geschützt. So hat man sich hier mit den Besuchern arrangiert und beäugt sich durchaus mit gegenseitiger Neugier. Im Schatten von Kokospalmen und Mangobäumen, die am Ufer der Kanäle wachsen, baden Khlong-Bewohner, während andere in den braunen Fluten Wäsche und Geschirr waschen. Schwimmende Imbissbuden sind mit Nudelsuppe und Papayasalat unterwegs von Haus zu Haus. Männer angeln, Kinder machen sich in Wassertaxis auf den Weg zur Schule, ein Postbote bringt im Boot Briefe und Päckchen. Vögel zwitschern in Bougainvilleen- und Hibiskusbüschen, während Monitor Lizards, bis zu 1 m große, harmlose Echsen, durch das trübe Khlong-Wasser gleiten.

Das ist zwar keine heile Welt, aber sie erinnert an die Beschreibungen der ersten europäischen Siam-Reisenden, die Bangkok den Beinamen ›Venedig des Ostens‹ verliehen.

Taling Chan Floating Market

Jedes Wochenende findet am Khlong Chak Phra der **Taling Chan Floating Market** 7 statt. Schon vor Sonnenaufgang strömen Marktfrauen mit schwer beladenen Booten voller Obst und Gemüse hierher. Auch viele Käufer sind bereits am frühen Morgen da, denn bevor die Tageshitze hereinbricht, ist die Ware besonders frisch und die Auswahl am größten. Schwimmende Garküchen versorgen hungrige Marktfrauen und Touristen mit warmen Mahlzeiten.

Ein Schauspiel des prallen Lebens, ein farbenfrohes Wasserfest. Auch die einige Bootsminuten entfernten ›schwimmenden Märkte‹ **Khlong Lud Ma Yom Floating Market** und **Wat Sapan Floating Market** sind nichts für Langschläfer, denn schon um 6 Uhr morgens herrscht dort an Wochenenden emsiges Treiben. Beim Wat Sapan verkaufen Frauen zu Würfeln geschnittenes Weißbrot. Wirft man sie ins Wasser, tauchen sofort Rücken an Rücken große Welse auf und balgen sich klatschend um die Brocken.

Tipps für eine selbst organisierte Khlong-Fahrt

Länge: 7–8 km.
Dauer: 2 Std.
Bootsmiete: Auf dem Kanalnetz sind flache, kiellose Boote, die mit röhrendem Lärm von PS-starken Außenbordmotoren angetrieben werden, die üblichen Transportmittel. Die Bezeichnung *rüa haang yao* (›Langschwanz‹-Boote) für die schlanken Holzkähne rührt von deren Propellerschrauben her. Eine Plastikplane schützt die Passagiere vor Spritzwasser, ein flaches Dach vor Sonne und Regen. An zahlreichen Anlegestellen am Chao-Phraya-Fluss kann man die schnellen gelb-grünen Boote auch mieten (1 Std./1000 Baht, 1,5 Std./1200 Baht, 2 Std./1500 Baht). Gute Ausgangspunkte für eine Bootstour zu den Khlongs sind Tha Chang Ferry Pier in der Nähe des Wat Phra Kaeo, Tha Thien Ferry Pier hinter dem Wat Pho und Tha Chang Wangna Ferry Pier unterhalb der Phra Pin Klao Bridge beim Bangkok Tourist Center. Das Problem bei selbst organisierten Khlong-Touren: Die Bootsleute verstehen oft

kein Englisch. Daher sollte man sich im Hotel Besuchspunkte und Zielorte in Thai aufschreiben lassen.
Einfacher – und für Alleinreisende auch billiger – ist es, eine organisierte Tour zu buchen. So bietet am südlichen Sathorn Ferry Pier nahe dem Shangri-La Hotel die Agentur Best Journey Gruppenboote an.

Öffnungszeiten und Eintritt

Königliches Barkenmuseum: Tel. 02 424 00 04, tgl. 9–16.30 Uhr, 50 Baht, zzgl. 100 Baht für den Fotoapparat. Die Tempel sind in der Regel tgl. 7.30/8.30–17.30/18.30 Uhr geöffnet, der Eintritt beträgt meist 20–30 Baht. Wird kein Eintritt verlangt, erwartet man eine Spende.

Essen und Trinken

Zum Abschluss könnte man sich zum Mittag- oder Abendessen am Wang Lang (Sirirat) Pier nahe dem Sirirat Hospital absetzen lassen. Direkt am Pier bieten die beiden einfach ausgestatteten, tgl. von 11–22.30 Uhr geöffneten Restaurants **Chuan Aroy** 1 (Tel. 02 411 32 08) und **Wang Lang** 2 (Tel. 02 411 21 20) gute thailändische Gerichte und Seafood (70–250 Baht) sowie einen herrlichen Flussblick. In der Nähe des Wat Rakhang Khositaram liegen das einfache Seafood-Restaurant **Krua Rakhang Thong** 3 (Tel. 081 646 54 94, tgl. 16–23.30 Uhr, Gerichte 90–250 Baht) und das elegante **Supatra River House** 4 (s. S. 92).

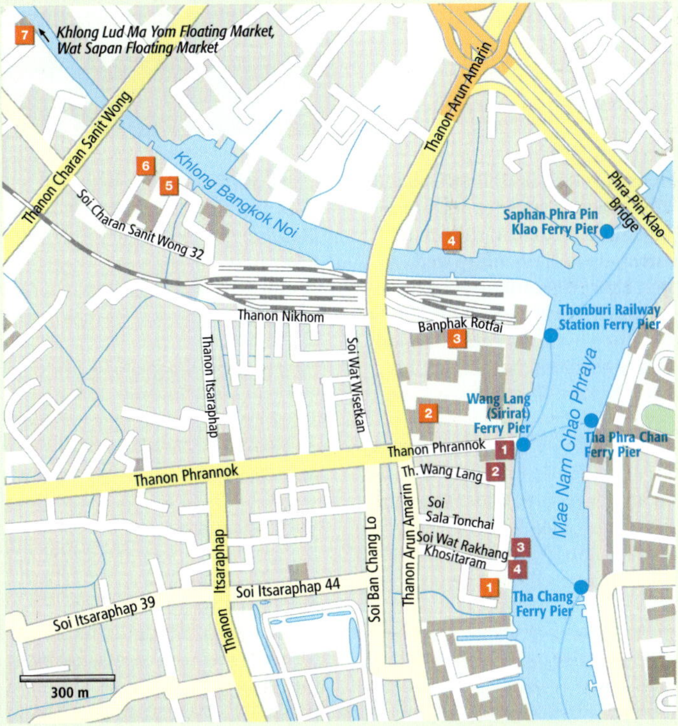

6 | Ein Tempel der Kunst – das Nationalmuseum

Karte: ► C 3 | **AC-Bus:** 503, 508, 512, **Expressboot:** bis Tha Chang Ferry Pier

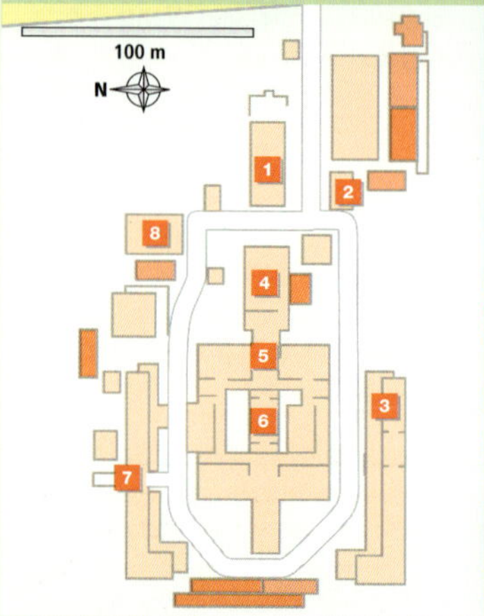

In dem verschachtelten Gebäudekomplex des größten Museums von Südostasien, in dem man leicht einen halben Tag verbringen kann, dokumentiert eine exquisite Sammlung von Artefakten die (Kunst-)Geschichte Thailands von prähistorischen Zeiten bis zur jüngeren Bangkok-Periode.

Die Sammlungen, deren Grundstock Rama IV. (1851–1868) legte, sind teilweise im ehemaligen **Wang-Na-Palast,** den Rama I. Ende des 18. Jh. für seinen Bruder bauen ließ, untergebracht. Nach einer Tradition verlieh der jeweilige Herrscher einem nahen Verwandten den Titel Wang-Na-Prinz. Dieser war Befehlshaber der Streitkräfte und trat die Nachfolge des Herrschers an, wenn dieser unerwartet sterben sollte.

Die Buddhaisawan-Kapelle

Eines der alten Palastgebäude ist die **Buddhaisawan Chapel** 1. Ihre einzigartigen Wandmalereien vom Ende des 18. Jh. stellen die Episoden aus dem Leben des Buddha dar. Errichtet wurde das Bauwerk, um dem wundertätigen **Phra Buddha Singh** (›Singhalesischer Buddha‹), einer der landesweit höchstverehrten Buddha-Statuen, eine würdige Unterkunft zu bieten. Der Überlieferung zufolge soll die Bronzestatue in frühbuddhistischer Zeit in Sri Lanka gegossen worden sein.

Tamnak Daeng – das ›Rote Haus‹

In dem wegen des verwendeten Teakholzes ›Rotes Haus‹ genannten **Tamnak Daeng** 2 residierte einst eine Schwester von Rama I. Sein Nachfolger ließ es von Thonburi auf das Areal des Königspalastes in Bangkok versetzen. Seinen jetzigen Standort erhielt das unter Rama IV. Mitte des 19. Jh. Die mit kunstvollen Perlmuttintarsien verzierten Möbel vermitteln einen guten Eindruck von der Wohnkultur der damaligen Zeit.

Der südliche Flügel

Da die Exponate nach Epochen geordnet sind, beginnt die Besichtigung mit den ältesten Ausstellungsstücken – nachdem man sich in der **Gallery of Thai History** am Kassenhäuschen einen Überblick über die Geschichte Thailands verschafft hat. Die **Prähistorische Sammlung** 3 umfasst jahrtausendealte archäologische Ausgrabungsstücke – schöne Exemplare der Ban-Chiang-Bandkeramik aus dem Nordosten ebenso wie ein steinzeitliches Grab aus der Region des heutigen Kanchanaburi. In den sich anschließenden Räumen sind Kunstgegenstände aus den Reichen Sri Vijaya, Dvaravati und Lopburi ausgestellt.

Der Wang-Na-Palast

Die Ausstellungen im alten Palast des ›Vizekönigs‹, der das Zentrum des Museumskomplexes bildet, sind der Bangkok- oder Rattanakosin-Periode gewidmet. Die **Issarawinitchai Hall** 4, der ehemalige Thronsaal, bildet den stilvollen Rahmen für Wechselausstellungen. Durch die **Old Transportation Gallery** 5 mit königlichen Sänften und Elefantensätteln gelangt man in die **Royal Regalia and Gold Treasures Gallery** 6, die Schatzkammer, in der man Buddha-Statuen und Krönungsinsignien früherer Könige bewundern kann. In den anderen Räumen der ehemaligen Residenz finden sich Musikinstrumente, seltene Khon-Masken, Schattenspielfiguren oder Edelholzmöbel mit kunstvollen Perlmuttintarsien.

Der nördliche Flügel

Im nördlichen Flügel sind ebenfalls Kunstwerke aus früheren Epochen zu sehen, vor allem Buddha-Statuen im Lan-Na-, Sukhothai- und Ayutthaya-Stil. Die Kollektion umfasst zudem sakrale Gegenstände. Das bekannteste Exponat in der **Abteilung Sukhothai-Kunst** 7 ist die in eine Steintafel geritzte ›Regierungserklärung‹ von König Ramkhamhaeng, dem ›Vater von Thailand‹. Die berühmte Inschrift aus dem Jahre 1292 ist das erste Schriftzeugnis der Thai und gilt als Musterbeispiel für frühes Demokratieverständnis. Im letzten Gebäude am Rundweg bewundern die Besucher die prunkvollen **Bestattungswagen und Sänften** 8 der königlichen Familie.

Infos

Tel. 02 224 13 33, www.thailandmuseum.com.
Öffnungszeiten und Eintritt: Mi–So 9–16 Uhr außer feiertags, Mo, Di geschlossen, 200 Baht, Kinder gratis.

Führungen auf Deutsch

Seit rund 40 Jahren bieten **National Museum Volunteers,** die ein breites Wissen über Geschichte, Religion, Kunst und Kultur Thailands besitzen, fachkundige Führungen durch das Nationalmuseum in deutscher Sprache an. Die Führungen finden jeden Mittwoch und Donnerstag um 9.30 Uhr statt. Sie sind kostenlos, doch eine Spende für die Instandhaltung des Museums ist willkommen. Nach vorheriger Anmeldung unter nmv.german.guides@gmail.com werden ab vier Personen individuelle Gruppenführungen für 100 Baht p. P. angeboten (www.museumvolunteersbkk.net.).

7 | Auf den Spuren von König Chulalongkorn – Dusit

Karte: ▶ D 3, E 3/4, F 1/2, G 2
AC-Bus: 503, 508, 512, **Expressboot:** bis Tha Chang Ferry Pier

Er unternahm ausgedehnte Reisen nach Europa und reformierte das siamesische Königreich nach westlichen Ideen. Eine seiner wichtigsten Amtshandlungen war, dass er seine Untertanen zu Thai (›Freien‹) erklärte und ihnen die übliche Pflicht erließ, sich vor dem König niederzuwerfen. Neben dem jetzigen König Bhumipol ist König Chulalongkorn der am meisten verehrte aller Thai-Könige. Ein Rundgang durch den Stadtteil Dusit folgt den Spuren des Kult-Königs.

Als Ausgangspunkt für den Streifzug durch den Stadtteil Dusit nördlich der Altstadt empfiehlt sich das **Democracy Monument** 1, das 1933 zur Erinnerung an die Ausrufung der konstitutionellen Monarchie errichtet wurde. Von dort geht es mit einem Taxi oder Tuk-Tuk vorbei am **Ratchadamnoen Boxing Stadium,** einem der beiden großen Boxstadien von Bangkok, weiter in nördlicher Richtung entlang der breiten Thanon Ratchadamnoen Nok. Den auf Anweisung von König Chulalongkorn angelegten Boulevard säumen stattliche Verwaltungsgebäude.

Reiterstandbild von König Chulalongkorn

Auf dem weitläufigen Platz am nördlichen Ende der Thanon Ratchadamnoen Nok steht ein **Reiterstandbild von König Chulalongkorn** 2. Die Menschen huldigen dem gottgleichen König als Bewahrer der Thai-Traditionen, der das Reich im 19. Jh. vor den Kolonialmächten schützte. Unter König Chulalongkorn (1868–1910), der als Rama V. den Thron bestieg, erlebte Siam seine politisch beständigste Epoche. Als passionierter Reformer schaffte er die Sklaverei ab, modernisierte die Infrastruktur und führte ein weltliches Erziehungssystem ein. Er war der erste thailändische König, der ausgedehnte Reisen nach Europa unternahm und europäische Berater an den siamesischen Königshof holte. Auch schickte er einige seiner Söhne zum Studium an europäische Universitäten. Trotz des an westlichen Vorbildern orientierten Staatskonzepts und aller anderen Neuerungen bildeten weiterhin der konservative Theravada-Buddhismus und zahlreiche alte Traditionen das Fundament des Königreichs. Am 23. Oktober, seinem Todestag, legen Tausende von Menschen vor seinem Denkmal Blumengebinde nieder.

Wat Benchamabophit

Die Urne mit den sterblichen Überresten des von allen Thai hochverehrten Königs befindet sich in dem auch Marble Temple genannten, etwa 400 m östlich des Reiterstandbilds gelegenen **Wat Benchamabophit** 3, in dem König Chulalongkorn eine Zeit lang als Mönch lebte. Chulalongkorn gab den ›Tempel des fünften Königs‹ 1899 unter dem Eindruck seiner ersten Europareise in Auftrag. Der Prachtbau, eine gelungene Verschmelzung von europäischem Klassizismus und traditioneller Baukunst Thailands, besteht wie die vor dem Haupteingang wachenden riesigen Löwen aus weißem Carrara-Marmor. Auf den europäischen Einfluss verweisen auch die farbigen Glasscheiben im Oberteil der spitzbogigen Fensteröffnungen. Im Heiligtum beten die Gläubigen vor einer Replik des Phra Buddha Chinnarat aus Phitsanulok, eine der berühmtesten Buddha-Statuen des Landes. Den mit Marmorplatten gepflasterten Innenhof umgibt ein Wandelgang mit 52 lebensgroßen Buddha-Figuren, die alle Stile thailändischer Sakralkunst repräsentieren. Eingebettet in einen tropischen Garten mit Teichen, in denen Schildkröten leben, bietet der ›Marmortempel‹ ein Bild vollkommener Harmonie.

Ananda Samakhom Throne Hall

Die hinter dem Reiterstandbild von König Chulalongkorn aufragende ehemalige **Thronhalle Ananda Samakhom** 4 ließ der Monarch, der ein Faible für europäische Architektur besaß, Ende des 19. Jh. nach Entwürfen italienischer Architekten im venezianischen Palaststil der Renaissance erbauen. Nach dem Sturz der absoluten Monarchie im Jahr 1932 diente das Bauwerk vorübergehend als Tagungsstätte der Nationalversammlung, bevor diese in ein moderneres Haus in der Nachbarschaft umzog. Heute beherbergt der Kuppelbau eine sehenswerte Ausstellung, die sich unter der Bezeichnung ›Art of the Kingdom V.‹ dem künstlerischen Schaffen während der Regentschaft des fünften Rama widmet. Alle Exponate wurden nach Originalvorlagen in den Jahren 2004–2007 im Chitralada Training Center angefertigt, in dem unter der Schirmherrschaft von Königin Sirikit Kunsthandwerker ausgebildet werden. Zu bewundern sind u. a. vergoldete und mit Diamanten besetzte Sänften, Thronsessel, Elefantensättel und Schiffsmodelle, darunter die königliche Barke ›Sri Suphannahongse‹. Die von italienischen Künstlern geschaffenen Decken- und Wandgemälde im Gebäude illustrieren Meilensteine der thailändischen Geschichte.

Vimanmek Palace

Ausgedehnte Parks, üppige Gartenanlagen und begrünte Straßenzüge prägen den ruhigen Stadtteil Dusit, in dem auch zahlreiche stattliche Villen und traditionelle Teak-Häuser erhalten blieben, wie der rund 500 m nördlich der ehe-

Die prächtige Thronhalle, Ananda Samakhom

maligen Thronhalle gelegene **Vimanmek Palace** 5 König Chulalongkorns. Im Jahre 1901 gab er seinen Wohnsitz im Grand Palace auf und zog mit seiner Familie in diesen prachtvollen Palast, der mit 81 Zimmern das größte Teakholzgebäude der Welt darstellt.

Das Bauwerk, das dem Monarchen ursprünglich als Sommerresidenz auf der Insel Si Chang im Golf von Thailand diente, wurde in Einzelteile zerlegt und Ende des 19. Jh. in Dusit wieder aufgebaut. Nach dem Tod von Rama V. 1910 verfiel das als Lagerhalle genutzte Gebäude allmählich. Erst 1982 wurde Vimanmek gründlich restauriert und in ein Museum zu Ehren von König Chulalongkorn umgewandelt.

Offene Galerien und Veranden sorgen für eine angenehme Kühle im Inneren. Originalinventar sowie Kunstgegenstände und Fotografien vermitteln ein Bild vom feudalen Lebensstil jener Zeit. Über dem königlichen Badezuber ragt ein Rohr aus der Wand – die erste Dusche im Königreich Siam!

Weitere Sehenswürdigkeiten in Dusit

Der weitläufige **Dusit Zoo** 6, der sich an der Thanon Rama V erstreckt, bietet einen guten Einstieg in die Fauna des Landes – Kinder können Affen streicheln, Wildrinder füttern und auf Elefanten reiten. Weitere Attraktionen sind mehrere Spielplätze und ein künstlicher See, in dem man Tretboot fahren kann. In einem Tropenpark auf der anderen Seite der Thanon Rama V liegt der **Chitralada Palace** 7, die der Öffentlichkeit nicht zugängliche Residenz König Bhumipol Adulyadejs.

Almosengang der Mönche

Frühaufsteher können jeden Morgen am Wat Benchamabophit einem ergreifenden Schauspiel beiwohnen: Dutzende Mönche strömen aus dem Kloster und ziehen durch den weitläufigen Tempelgarten, um sich ihre Bettelnäpfe von den Gläubigen mit Speisen füllen zu lassen. Mit Betteln hat der Almosengang (*bindabaat*) indes nichts zu tun. Die Mönche sollen ihre ganze Kraft für ihre geistige Vervollkommnung einsetzen, daher muss ihr Geist frei von der Sorge um die tägliche Schale Reis sein. Mit der Speisung der Mönche können die Gläubigen religiöse Verdienste ansammeln und sich so eine günstige Ausgangsposition für ihr Leben nach der Wiedergeburt verschaffen. Deshalb bedanken sich die Gläubigen bei den Mönchen mit einem respektvollen *wai* für die Annahme der Spende.

Öffnungszeiten und Eintritt

Wat Benchamabophit: Tel. 02 281 25 01, AC-Bus 3, 23, 505, tgl. 9–17 Uhr, 20 Baht.

Ananda Samakhom Throne Hall: Tel. 02 283 94 11, AC-Bus 3, 70, 72, tgl. außer Mo 10–18 Uhr, 150 Baht, Kinder 75 Baht, Zutritt nur in dezenter Kleidung.

Vimanmek Palace: Tel. 02 281 88 03, www.vimanmek.com, AC-Bus 12, 70, 510, tgl. 9.30–16 Uhr, traditioneller Thai-Tanz 10.30, 14 Uhr; 100 Baht, frei mit der am selben Tag gelösten Eintrittskarte zum Grand Palace und Wat Phra Kaeo, Zutritt nur in dezenter Kleidung, Fotografieren nur im Außenbereich erlaubt.

Dusit Zoo: Tel. 02 281 20 00, www.zoothailand.org, AC-Bus 5, 70, 510, Mo–Do 8–18, Fr–So 8–21Uhr, 120 Baht, Kinder 60 Baht.

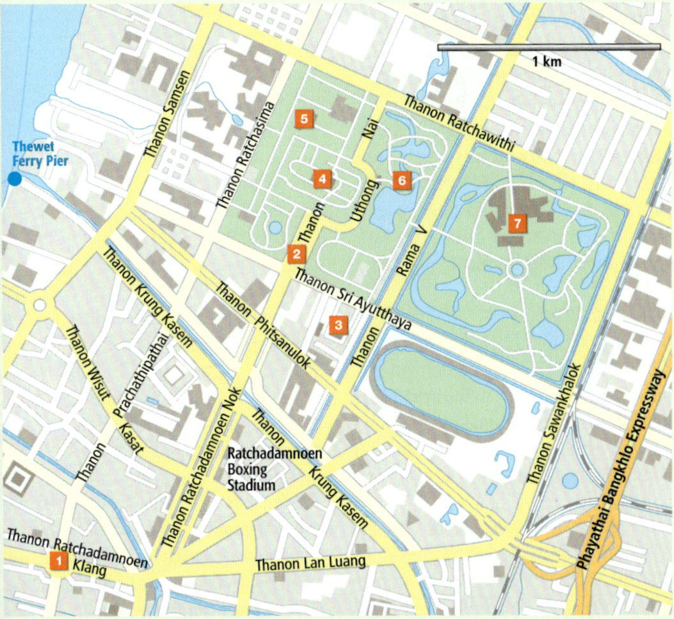

8 | Hindu-Tempel und indische Märkte – in Bangkoks Little India

Karte: ▶ D 4/5 |
AC-Bus: 506, 529, **Expressboot:** bis Memorial Bridge Ferry Pier

Südöstlich der Altstadt Rattanakosin finden sich Besucher in einem Viertel voller indischer Läden wieder, dessen Märkte nach Gewürzen duften und in dem Restaurants Tandoori-Gerichte anbieten, während aus Lautsprechern die Hits aus Bollywood plärren. Ein Viertel, in dem man sich in den Basarstraßen von Kalkutta oder Delhi wähnt.

Pahurat Market

Bangkoks Klein-Indien hat sich rund um die Thanon Chak Phet und den auf Textilhandel spezialisierten **Pahurat Market** 1 zwischen Rattanakosin und Chinatown gebildet. Der erste Einwanderer vom indischen Subkontinent kam nach volkstümlicher Überlieferung 1884 in Bangkok an. Um die Gunst des Königs von Siam zu erringen, überreichte er als Gastgeschenk einen prächtigen Araberhengst. König Chulalongkorn war so erfreut, dass er sich mit einem weißen Elefanten als Gegengabe revanchierte. Zurück in seiner Heimat, bot der indische Kaufmann den wertvollen Elefanten dem Maharadscha von Kaschmir an, woraufhin dieser den Händler mit Gold und Geschenken überhäufte. Der Legende zufolge benutzte der geschäftstüchtige Händler die Präsente, um rege Handelsbeziehungen zwischen Indien und Thailand aufzubauen. Vor Ort erzählt man sich, seine Verwandten hätten die erste indische Gemeinschaft im Bezirk von Pahurat gebildet.

Heute leben rund 100 000 Menschen indischer Abstammung in Thailand, meist Sikhs und Hindus aus dem Nordwesten Indiens. Viele von ihnen sind als Textilhändler in Bangkoks Stadtteil Pahurat tätig. Ihre Domäne ist der Pahurat-Markt, ein Labyrinth aus Textilläden, in das sich manche Touristen nicht hineinwagen aus lauter Furcht, sie könnten sich verlaufen.

In Little India sorgen Stapel von Samt- und Seidenballen, Gold- und Brokatstoffen, Tweed und Musselin für ein buntes Bild. Duftwolken von Jasmin und Curry, Mango und Mottenpulver vermischen sich mit dem Qualm von Räucherstäbchen.

Tonangebend sind hier Sikhs, denen auch die meisten Schneidereien in Bangkok gehören. In fast allen Läden verkauft man im Klein- und Großhandel zu Preisen, die meist erheblich niedriger sind als sonstwo. Jeden Tag werden angeblich mehrere Hunderttausend Meter Stoff umgesetzt. In Pahurat kann man auch hervorragend indisch essen. Fast schon legendär ist das Royal India Restaurant an der Thanon Chak Phet.

Siri Guru Singh Sabha

Aufstieg und Wohlstand der Zuwanderer aus Indien spiegeln sich im **Siri Guru Singh Sabha** 2, dessen goldene Kuppel Klein-Indien überragt. Der 100 Mio. Baht teure größte Sikh-Tempel außerhalb des Heimatlands wurde von indischen Kaufleuten finanziert, die in Thailand zu Wohlstand kamen. Nicht nur um zu beten, pilgern jeden Tag Tausende von Gläubigen zu dem marmorverkleideten Heiligtum. Viele arme Menschen kommen, um sich in der Tempelklinik kostenlos behandeln zu lassen oder um sich um 8 Uhr beim traditionellen Gemeinschaftsessen der Sikhs einen Teller Reis mit Curry abzuholen.

Übrigens: Sehenswert sind auch der von südindischen Immigranten in den 1960er-Jahren an der Thanon Silom errichtete Sri Mariammam Temple (s. S. 73) und der Namdhari Sikhs Temple am Beginn der Soi 21 der Thanon Sukhumvit.

Vishnu Mandir Temple

Kostenloses Essen wird auch freitags in der Mittagszeit im **Vishnu Mandir Temple** 3 beim Rommani Nart Park nördlich von Indiatown verteilt. Der zweitälteste Hindu-Tempel von Bangkok wurde Anfang des 20. Jh. erbaut. Die Tempelanlage ist Ende Januar/Anfang Februar Schauplatz des großen Hindu-Festes Thaipusam, bei dem Gläubige, die sich Metallspieße durch die Backen gestoßen haben, in Trance über glühende Kohlen laufen.

Infos

Länge: 2 km. Little India und Umgebung sollte man zu Fuß erkunden.
Dauer: 2–3 Std.

Essen und Trinken

Freunde vor allem nordindischer Küche kommen in Pahurat auf ihre Kosten. Zu empfehlen sind das **Royal India Restaurant** 1 (392/1 Thanon Chak Phet, Tel. 02 221 65 65, tgl. 10–22 Uhr, Gerichte 100–300 Baht) und das **Punjabi Dhaba** 2 (458 Thanon Chak Phet, Tel. 02 621 32 36, tgl. 11–22 Uhr, Gerichte 100–250 Baht). Ein hervorragender Essensmarkt befindet sich im **Shopping Center Old Siam Plaza** 3, Ecke Thanon Pahurat und Thanon Tri Phet.

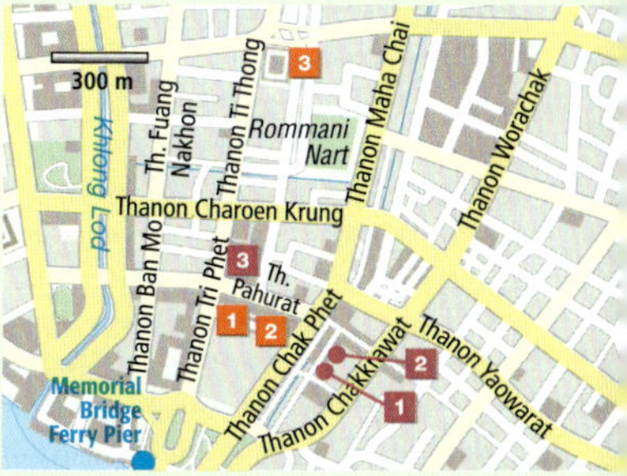

9 | Tempel, Theater und Märkte – ein Streifzug durch Chinatown

Karte: ► E 5, F 5/6
AC-Bus: 508, 529, 542, **Expressboot:** Ratchawong Ferry Pier

Der Stadtteil Yaowarat ist der Brennpunkt chinesischer Kultur und chinesischen Lebens in Bangkok. Die Straßen säumen elegante Goldgeschäfte und exotische Apotheken. Überall entdeckt man taoistische oder konfuzianische Tempel. An chinesischen Feiertagen können Besucher auf Bühnen in den Tempelvorhöfen chinesische Musikdramen live erleben.

Bangkoks chinesische Vergangenheit

Als Rama I. 1782 seine Residenz von Thonburi nach Bangkok verlegte, lebten dort, wo sich heute der Grand Palace und der Wat Phra Kaeo ausbreiten, chinesische Händler. Da die königliche Familie das hochgelegene und vor Überflutungen sichere Gebiet für sich in Anspruch nahm, mussten die Zuwanderer aus dem Reich der Mitte eine neue Siedlung gründen – die heutige Chinatown. Im Laufe der Zeit wurde der damals Sampeng genannte Stadtteil zum bedeutendsten Geschäftszentrum der Hauptstadt.

Trotz Konzessionen an den thailändischen Nationalismus haben die meisten der heute rund 800 000 Chinesen ihre kulturelle Identität bewahrt. Am deutlichsten sichtbar wird dies in den chinesischen Schriftzeichen der Neonreklameschilder, aber auch in den Hausaltären mit glimmenden Räucherstäbchen vor den Läden.

Wat Chakrawat

Östlich des Pahurat Market geht Little India jenseits der Thanon Chak Phet nahtlos in die Chinatown über. In der Thanon Chakrawat künden Läden mit Tempelzubehör den 1825 von Rama III. als Königlichen Tempel erbauten **Wat Chakrawat** 1 an, der ein Ausgangspunkt eines Rundgangs durch Chinatown sein kann. Dort beten heute Chinesen und Thai vor einem kleinen Schrein, über den einst Buddhas Schatten gefallen sein soll.

Seit über einem halben Jahrhundert leben in einem betonierten Bassin in einer anderen Ecke des Tempels Krokodile. Aus Mitleid hatten die Mönche einst ein einäugiges Krokodil aufgenommen. Im Laufe der Zeit wurden weitere Riesenechsen im Tempel abgeliefert, der zu einem Hort für heimatlose Reptilien wurde.

Leben in Chinatown

In den Straßen und Gassen des Chinesenviertels herrscht ein herzerfrischendes Chaos. Vor einem Restaurant werden auf der Straße Enten gerupft, etwas weiter zerlegen Arbeiter Getriebe, hier wird gegessen, dort schläft ein Baby in einer Wiege, während aus einem Laden das Klackern eines Abakus klingt.

Durch schmale Marktstraßen, in die sich kaum ein Tourist verirrt, drängt sich unablässig ein Strom geschäftiger Passanten. Sie essen eine kleine Mahlzeit in einer der vielen Garküchen, kaufen Reis, Nudeln und Gewürze ein, begutachten das Gemüse, prüfen den aufgeschlitzten Fisch auf die intakte, noch pulsierende Fischblase hin – ein Zeichen für Frische. Trotz aller Alltagshektik gilt hier immer noch die alte Regel, dass eine gemächliche Mahlzeit die Gesundheit stärkt.

Sampeng Lane

In der engen Basarstraße **Sampeng Lane** 2, dem Herzen von Chinatown, türmen sich Stoffballen, Schuhe, Plastikschüsseln, Kochtöpfe und vieles mehr, sodass die Passanten Slalom laufen müssen, um sich an den Ständen vorbeizuzwängen. Einst war die Straße Bangkoks Zentrum der Hochfinanz, zugleich aber auch ein berüchtigtes Pflaster der Bordelle, Spiel- und Opiumhöhlen.

Thanon Yaowarat und Thanon Charoen Krung

An der Thanon Yaowarat und der Thanon Charoen Krung, den beiden Hauptschlagadern von Chinatown, reihen sich elegante Goldgeschäfte und Devotionalienläden, in denen Heiligenfiguren und Hausaltäre verkauft werden, aneinander.

Hier findet man außerdem exotische Apotheken, die Heilpflanzen, Kräuter und manch anderes Mittel aus dem weiten Repertoire der klassischen chinesischen Naturheilkunde feilbieten. Nach geheimnisvollen Rezepturen mixt man hier für jeden Kunden die passende Medizin. Auch wer an die heilende Wirkung eines getrockneten Seepferdchens glaubt, wird hier gut bedient.

Nakhon Kasem Market

Der **Nakhon Kasem Market** 3 an der Thanon Charoen Krung, nur ein paar Schritte entfernt von der Sampeng Lane, trägt auch den Beinamen ›Diebesmarkt‹, ist aber eher ein Schmugglermarkt für elektrische und elektronische Geräte, Computerspiele und Uhrenimitate zu Niedrigpreisen.

Leng Noi Yee Temple

Vor dem auch Wat Manghon genannten chinesischen **Leng Noi Yee Temple** 4 in der Thanon Charoen Krung mischt sich der Duft von Räucherstäbchen mit Abgasgestank. Im Tempel mit buddhistischen, konfuzianischen und taoistischen Altären herrscht rege Betriebsamkeit. Gläubige entzünden vor einem Altar Räucherstäbchen, andere schütteln aus einem Bambusbecher ein nummeriertes Stäbchen heraus und lassen sich von einem Tempeldiener den für diese Nummer vorgesehenen Zettel mit einer Zukunftsprognose geben. Abends bieten hier gelegentlich bunt und bizarr kostümierte Schauspieler chinesisches Musiktheater dar.

Wat Khanikaphon

Verlässt man den Tempelbezirk durch den Hintereingang, kommt man auf der Soi 21 zum buddhistischen Thai-Tempel **Wat Khanikaphon** 5. »Der Tempel, der mit Hurengeld gebaut wurde«, entstand im 19. Jh. auf Initiative der chinesischen Prostituierten Mae Lao Feng, die ihre ›Sünden‹ abbüßen wollte.

Lee Thi Miew Temple

Nur ein paar Schritte sind es von hier zur Thanon Phlao Phla Chai mit dem **Lee Thi Miew Temple** 6, dessen Fassade mit steinernen Tiergestalten der chinesischen Mythologie geschmückt ist. Hier stehen neben Buddha-Statuen auch solche taoistischer Gottheiten. Damit die Ahnen nichts entbehren, was ihnen auf dieser Welt gehört hat, und damit sie die Geschicke der Nachfahren wohlwollend lenken, sendet man in einem Ofen Papiergeld oder Häuser und Autos aus Papier per Flammenpost gen Himmel. Um Lebende wie Verstorbene zu erfreuen, werden ab und zu Schattenspieltheater aufgeführt.

Hausaltar vor einem Laden in Chinatown

Guangdong Temple

An der Einmündung der Thanon Phlao Phla Chai in die Thanon Charoen Krung markiert ein Pagodentor den in der zweiten Hälfte des 19. Jh. von Einwanderern aus Kanton gegründeten **Guangdong Temple** 7. Ursprünglich diente der Tempel als Versammlungshalle, in der die Immigranten Dinge des täglichen Lebens besprachen, Geschäfte abschlossen und Feste feierten, aber auch ihre Geister, Götter und Gründer ihres Klans verehrten. Das Allerheiligste dominiert eine Statue der Kuan Yim, der taoistischen Göttin der Mildtätigkeit, zugleich die fernöstliche Inkarnation des Bodhisattva Avalokiteshvara.

Wat Traimit

Der Spaziergang durch Chinatown endet beim **Wat Traimit** 8, dem Tempel des goldenen Buddha in der Thanon Charoen Krung. Die Tempelanlage in der Nähe des Hauptbahnhofs würde von Touristen wohl nicht beachtet, wenn sie nicht eine ganz besondere Attraktion bergen würde: ein aus massivem Gold gefertigtes, 3 m hohes und 5,5 t schweres Buddha-Bildnis im Sukhothai-Stil. Die im 13./14. Jh. gegossene Statue überzog man später mit Gips, um den burmesischen Eroberern ihren Wert zu verbergen. So wurde ihr lange kaum Beachtung geschenkt. Beim Transport zu einem anderen Standort im Jahre 1953 aber platzte der Gipsmantel auf und das reine Gold darunter kam zum Vorschein.

Infos

Länge: 3 km.
Dauer: 3–4 Std. Das enge Gassengewirr der Chinatown kann man nur zu Fuß erkunden.
Öffnungszeiten und Eintritt: Die buddhistischen Tempel Wat Chakrawat, Wat Khanikaphon und Wat Traimit sind tgl. 8/8.30–17/18 Uhr geöffnet, die chinesischen Andachtsstätten Leng Noi Yee Temple, Lee Thi Miew Temple und Guangdong Temple tgl. von den frühen Morgen- bis in die späten Abendstunden. Der Eintritt zu allen Tempeln ist frei, Spenden sind aber willkommen.

Essen

Für den Lunch empfiehlt sich eines der zahlreichen kleinen Lokale oder eine Suppenküche. Ein sehr guter Essensmarkt befindet sich im obersten Stock des **Central Shopping Center** 1 an der Thanon Charoen Krung. Die besseren China-Restaurants öffnen erst am späteren Nachmittag, zu empfehlen: **Sieng Kee** 2, 54 Thanon Charoen Krung, Soi Bamrungrat (hinter Grand China Princess Hotel), Tel. 02 222 77 69, tgl. 17–23 Uhr, Gerichte 250–400 Baht; einfache Einrichtung, aber beste kantonesische Küche, vor allem hervorragendes Seafood; Spezialität des Hauses sind die Fischsuppen *khaao tom plaa kapong* und *khaao tom plaa jaramed.*

Goldshopping

Bangkoks Goldgeschäfte konzentrieren sich in Chinatown, vor allem in der Thanon Yaowarat und in der Thanon Charoen Krung. Goldschmuck wird durchweg nach Gewicht und Reinheit berechnet, seltener nach Arbeitsaufwand und Qualität der Stücke. Die Gold-Einheit ist der Baht (wie die gleichnamige Währung) und entspricht 15 g. Laien sollten sich nicht zum schnellen Kauf von Goldschmuck verführen lassen. Vor allem bei besonders günstigen Angeboten ist Misstrauen angebracht! Ein gutes Renommee haben folgende, seit vielen Jahren in Chinatown ansässige Goldgeschäfte: **Hua Seng Heng** 1: 401–407 Thanon Yaowarat; **Loo Chung Heng Heng Huat** 2: 106 Thanon Chak Phet, Ecke Thanon Yaowarat; **Win Long** 3: 378 Thanon Charoen Krung.

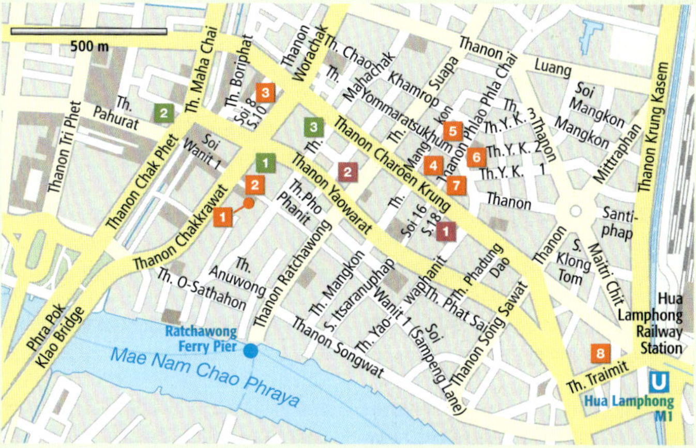

10 | Das ›koloniale‹ Bangkok – an der Thanon Charoen Krung

Karte: ► F 6/7
AC-Bus: 502, 505, **Expressboot:** bis Harbour Department Ferry Pier

Thailand, das ›Land der Freien‹, konnte im 19. Jh. die kolonialen Ansprüche europäischer Großmächte abwehren. Seine Herrscher öffneten das Land jedoch für Handelsgesellschaften aus Europa, und Bangkok begann, als Warenumschlagplatz zu florieren. Architektonische Relikte aus dieser Zeit findet man an der Thanon Charoen Krung.

Thailands ›koloniale‹ Vergangenheit

Das große Verdienst von König Mongkut (1851–1868) und seinem Nachfolger König Chulalongkorn (1868–1910) bestand darin, durch eine kluge Bündnispolitik die Gefahr der Kolonialisierung abzuwenden. Während die Nachbarstaaten entweder zum Kolonialreich Indochina zusammengefasst wurden oder unter das koloniale Joch der Briten gerieten, konnte Thailand als einziges Land in Südostasien seine nationale Unabhängigkeit bewahren. Westlichen Einflüssen aufgeschlossen, gestatteten die Monarchen jedoch europäische Handelsniederlassungen in Bangkok.

Holy Rosary Church und Portugiesische Botschaft

Am Ufer des Mae Nam Chao Phraya liegt die von portugiesischen Kaufleuten Ende des 18. Jh. im neogotischen Stil erbaute **Holy Rosary Church** 1 (auch Kalawa Church) mit schönen Buntglasfenstern. Die thailändischen Katholiken nannten das Gotteshaus einst Kalawario, nach dem Kalvarienberg, der Kreuzigungsstätte Jesu. Auf dem Gelände der **Portugiesischen Botschaft** 2 steht das alte portugiesische Handelsbüro aus dem Jahre 1820. Die schmale Thanon Truk Captain Bush, an der die Botschaft liegt, wurde nach dem englischen Kapitän John Bush benannt, der 1853 von König Mongkut als Berater an den siamesischen Königshof berufen wurde.

Thanon Charoen Krung

Auf Bitten der am Flusslauf ansässigen ausländischen Handelshäuser ließ König Mongkut 1861/62 entlang eines alten Elefantenpfades die erste breite Durchgangsstraße Bangkoks, die Thanon Charoen Krung (heute auch New Road genannt), anlegen. Prunkvoller als die Champs-Élysées sollte die Prachtstraße werden, die sich auf einer Länge von 8,5 km vom Wat Pho bis in den südlichen Außenbezirk Dao Khanong erstreckt.

The Oriental Hotel

Vorbei am 1883 erbauten monumentalen **General Post Office** 3 und der etwas versteckt gelegenen, 1828 von indonesischen Einwanderern gegründeten **Harun Mosque** 4 gelangt man zum **Oriental Hotel** 5, das trotz seines modernen Neubaus zu den ›Grand Old Hotels‹ Südostasiens zählt. Das von dem Dänen H. N. Andersen, dem Gründer der Ostasiatischen Kompanie, nach Plänen eines italienischen Architekten erbaute Luxushotel öffnete 1877 seine Pforten und etablierte sich schnell als erstes Haus am Platze. Das Oriental schmückt sich mit einer beeindruckenden Gästeliste: Könige und Präsidenten, Filmstars und vor allem reisende Schriftsteller – etwa Somerset Maugham, Joseph Conrad, Graham Greene und James Michener – logierten hier. Der publikumswirksamen Erinnerung an die literarische Vergangenheit des Hauses dient der ›Autorenflügel‹ im alten Trakt. Seit Jahren rangiert das Oriental unter den Top Ten der weltbesten Hotels. Es ist so etwas wie eine lebende Legende und ein Synonym für luxuriöse Behaglichkeit.

Die weiße Fassade des mit seinen Arkadengängen elegant wirkenden Verwaltungsgebäudes der **Ostasiatischen Kompanie** 6 aus dem Jahre 1884 etwas südlich des Oriental Hotel gab einmal die perfekte Kulisse für den Film »Saigon« ab. Heute beherbergt das Gebäude einen großen ›Supermarkt‹ für Kunsthandwerk und Antiquitäten.

Assumption Cathedral

Die Ursprünge der imposanten **Assumption Cathedral** 7 reichen in die Jahre 1809–1821 zurück. 1910 wurde das Gotteshaus umgebaut und vergrößert. Außen präsentiert sich die Kathedrale im englischen Kolonialstil, innen ist sie im Stil der italienischen Renaissance gestaltet. Das Portal des Ziegelsteinbaus flankieren Statuen des Apostel Petrus und – im Gedenken an dessen Besuch im Mai 1984 – von Papst Johannes Paul II.

Tour-Infos

Länge: etwa 1,5 km.
Dauer: 2–3 Std.
Öffnungszeiten: Assumption Cathedral, 23 Oriental Ave., Tel. 02 234 85 56, www.catholic.or.th, Messen Mo–Fr 6, 17.15, Sa 6, 17, So 6, 7.30, 8.30, 10, 17 Uhr.

Stilvoll entspannen

Die **Bamboo Bar** 1 im **Oriental Hotel** (48 Oriental Ave., www.mandarinoriental.com/bangkok, So–Do 11–1, Fr, Sa 11–2 Uhr) ist perfekt für den Absacker nach dem Sightseeing. In der Pianobar treten renommierte Jazz-Ensembles auf.

11 | Bangkoks grüne Lunge – der Lumpini Park

Karte: ▶ J 6/7 | **Sky Train:** bis Station Sala Daeng, **Subway:** bis Station Silom

Dieses Erlebnis kennt jeder Bangkok-Besucher: Der Verkehr ist höllisch, die Luft in der City zum Schneiden, die Passanten hasten und drängen durch die Geschäftsviertel. Da öffnet sich ein paar Schritte abseits der Thanon Rama IV eine ruhige, von Bäumen bestandene Stadtoase – der Lumpini Park, die älteste grüne Lunge Bangkoks.

Ein königliches Geschenk

Mit seinen ausgedehnten Grünflächen und idyllischen Seen ist der Lumpini Park ein perfektes Naherholungsgebiet für die Bangkoker, zugleich ein Naturrefugium im Herzen der Großstadt. König Vajiravudh, der sechste Rama, ›schenkte‹ seinen Untertanen die grüne Stadtoase im Jahre 1925 anlässlich des 15. Jahrestages seiner Inthronisation. Er benannte den Park nach dem Ort Lumpini im heutigen Nepal, wo 623 v. Chr. Prinz Siddharta Gautama geboren wurde, der Begründer des Buddhismus.

Frühmorgens üben sich im Park Chinesen im Tai-Chi, mittags halten Angestellte im Schatten der Bäume ein Nickerchen, vom späten Nachmittag an drehen Jogger und Walker ihre Runden. Am Seeufer breiten Familien Reisstrohmatten für ein Picknick aus und schauen den während der Flugsaison von Februar bis April am Himmel tanzenden Drachen oder Gruppen beim *takrao* zu, einer Thai-Version des Volleyballs. Liebespaare fahren gern mit Tretbooten auf den See hinaus.

Sehenswertes im Lumpini Park

Eine stets mit Blumengirlanden geschmückte Statue von **König Vajiravudh** 1 markiert den Haupteingang gegenüber der Einmündung der Thanon Silom in die Thanon Rama IV. Regelmäßig knien dort Thai nieder, um dem vergöttlichten Monarchen ihre Referenz zu erweisen. Nach links gelangt man zum **Lanna Thai Pavilion** 2, einem halboffenen Holzgebäude im nordthailändischen Lan-Na-Stil des 13.–16. Jh., der burmesischen Einfluss zeigt.

Geht man nach rechts, kommt man an Tennisplätzen und einem kleinen Freibad vorbei zur **Lumpini Hall** 3, in der sonntags von Mitte Dezember bis Mitte Februar das Bangkok Symphony Orchestra und gelegentlich ausländische Musiker kostenlose klassische Konzerte geben. In der Nähe stehen der **Chinese Pavilion** 4 mit gestaffeltem Pagodendach, der **Thailand and China Friendship Pavilion** 5 und der **Sam Sen Pavilion** 6, ein eleganter Holzpavillon im Rattanakosin- oder Bangkok-Stil des 19./20. Jh.

Beim Spaziergang hat man das **Dusit Thani Hotel** 7 im Blick. Noch Anfang der 1970er-Jahre ragte das mit 22 Stockwerken damals höchste Gebäude von Bangkok einsam aus einem Häusermeer empor. Heute verschwindet die ›Stadt im Himmel‹ im Schatten von anderen modernen Giganten. Gegenüber dem Eingang an der Südostecke des Lumpini Parks liegt das **Lumpini Boxing Stadium** 8, eines der beiden großen Boxstadien von Bangkok (s. S. 111).

Übrigens: Frühaufsteher können in Bangkok fit in den Tag starten: Jeden Morgen gegen 6 Uhr treffen sich im Lumpini Park Gleichgesinnte zum **Tai-Chi,** dem zeitlupenhaften chinesischen Schattenboxen. Wer das noch nie gemacht hat, turnt einfach dem Vortänzer nach. Gelegentlich werden auch Kurse angeboten – und zwar gratis und für alle.

Snack-Stopp

Im **Lumpini Food Court** 1 rechts vom Haupteingang an der Thanon Rama IV bieten Essensstände thailändische Gerichte an (50–100 Baht). Keine große Auswahl, aber für eine kleine Stärkung in Ordnung.

Schwimmen

Das kleine **Freibad** 1 mit 25-Meter-Pool rechts vom Haupteingang ist nur für Mitglieder des Schwimmclubs zugänglich. Touristen können aber problemlos Mitglied werden – zwei Passfotos, eine Kopie des Reisepasses und ein Gesundheitszeugnis genügen. Der Jahresbeitrag beträgt 50 Baht.

Achtung

Besucher des Parks werden oft von *goannas* erschreckt. Doch keine Angst: Die oft über 1 m großen Echsen, die sich in den Teichen und Seen wohlfühlen, sind harmlos. Im gesamten Park besteht Rauchverbot. Hinweisschilder, die den Genuss alkoholischer Getränke untersagen, werden von den Einheimischen gerne ignoriert. Nach Anbruch der Dunkelheit ist der Park ein Treffpunkt für Prostituierte und *kathoey*, Transsexuelle – man sollte dann den Park meiden.

12 | Shopping und Sightseeing – ein Bummel um den Siam Square

Karte: ▶ H 5, J 5 | **Sky Train:** bis Central Station (Siam)

Um den Siam Square, das Zentrum des modernen Geschäfts- und Wohnviertels Pathumwan, erstreckt sich ein Shoppingparadies, eine Lifestylewelt mit eleganten Ladenarkaden und mondänen Einkaufszentren. Zu den Einkaufsmöglichkeiten kommen Topattraktionen wie die Siam Ocean World und der Erawan Shrine.

Siam Square

Ausgangspunkt des Rundgangs ist die Sky Train Central Station. Darunter breitet sich der **Siam Square** 1 mit zahlreichen Boutiquen und Shops sowie vor allem Restaurants für jeden Geschmack und Geldbeutel aus. Hier treffen sich junge Thai, die westliche Subkultur pflegen: Punks mit Irokesen-Frisur, schwarz geschminkte Emos in engen Röhrenjeans, Cybers mit bunten Haarsträhnen und Springerstiefeln.

Siam Discovery Center

Von der Central Station hat man einen direkten Zugang zum Einkaufszentrum **Siam Center** 2, von dem ein überdachter Gang im 4. Stock zum benachbarten **Siam Discovery Center** 3 führt. Hinter dem Namen, der nach Wissenschaft und Forschung klingt, verbirgt sich ein modernes Shopping Center. Zu ›entdecken‹ gibt es auf mehreren Etagen elegante Boutiquen der Nobelmarken Armani, Dior, Gucci, Versace & Co. sowie im 6. Stock eine Thai-Dependance von Madame Tussauds. Zu bewundern sind 70 internationale und nationale Berühmtheiten, darunter Wissenschaftler, Politiker, Sportler, Schauspieler und historische Persönlichkeiten wie die Eltern von König Bhumipol.

Mah Boon Krong Shopping Complex

Ein ›Muss‹ ist der Abstecher zu dem etwa zehn Gehminuten entfernten **Mah**

Boon Krong Shopping Complex 4. Bei seiner Eröffnung im Jahre 1985 war der siebenstöckige, über 300 m lange Konsumtempel mit mehr als 2500 Läden das größte Einkaufszentrum Asiens. Preiswert sind vor allem Jeans und T-Shirts. Zudem gibt es eine riesige Auswahl an Mobiltelefonen und Zubehör. Im 5. Stock kann man sich schnell und günstig Visitenkarten anfertigen lassen. Shopper mit gut gefüllter Brieftasche zieht es in den benachbarten Tokyu Department Store.

Bangkok Art and Culture Centre

Kulturbeflissene werfen gern einen Blick in das gegenüberliegende **Bangkok Art and Culture Centre** 5, ein modernes Museum für zeitgenössische Kunst und Medien. Neben der reichhaltigen permanenten Ausstellung mit Werken von mehr als 100 jungen thailändischen Künstlern wecken Wechselschauen und Performances das Interesse der Besucher.

Siam Paragon

Vom 3. Stock des Siam Center gelangen Sie über einen Platz, auf dem regelmäßig (Kunst-)Ausstellungen und Veranstaltungen stattfinden, zum **Siam Paragon** 6, dem zurzeit angesagtesten Shopping-Tempel für Bangkoks Geldadel mit Dependancen von Giorgio Armani, Cartier, Gucci, Hugo Boss, Hermès, Kenzo, Versace u. v. a. Erholung vom Einkaufsbummel bieten im Erdgeschoss zahlreiche feine Restaurants sowie eine künstliche Lagune mit rauschendem Wasserfall.

Siam Ocean World

In Südostasiens größtem begehbaren Salzwasseraquarium, das sich im Untergeschoss des Siam Paragon befindet, leben auf 10 000 m² über vier Stockwerke verteilt mehr als 30 000 Meeresbewohner. Durch einen Plexiglastunnel gelangen Besucher in eine Unterwasserwelt, die von lebenden Korallenstöcken, Haien, Rochen und unzähligen farbenfrohen Fischen bevölkert wird – ein einzigartiges ›Taucherlebnis‹ ohne Schnorchel und Sauerstoffflasche. In zahlreichen Aquarien sind zudem Biotope für Süßwasserfische, Reptilien und Wirbellose nachgestellt. Kinder können in einem Streichelpool Seesterne und Muscheln berühren – Biologieunterricht

Übrigens: Im 2. Stock des futuristischen Siam Discovery Center befindet sich das angenehm schlichte, zugleich stilvolle Geschäft **Mae Fah Luang** 1, das zum Doi Tung Development Project gehört, einer Initiative der Königsfamilie zur Unterstützung der Bergstämme im Norden Thailands. Hier werden edle Handarbeiten und selbst produzierte Lebensmittel aus dem ›Opiumdreieck‹ verkauft – für einen guten Zweck. Das Hilfsprojekt, das nach der 1995 verstorbenen Mutter von König Bhumipol benannt wurde, hat bewirkt, dass der Anbau von Schlafmohn zur Opiumherstellung am Doi-Tung-Bergmassiv nahe Chiang Rai aufgegeben wurde. Zum Angebot der Boutique gehören schicke, aber zeitlose Designermode, Decken und Kissenbezüge aus hochwertigen Baumwoll- und Seidenstoffen, Geschirr und Wohnaccessoires mit minimalistischen Formen, Lampen und Leuchten in modernem Design. Arabica-Kaffee und Macadamianuss-Snacks aus eigener Herstellung runden das Angebot ab.
Siam Discovery Center, 4. Stock, Shop 416, Tel. 02 658 04 27, www.doitung.org/lifestyle_our.php, Mo–Do 11–20, Fr–So 11–21 Uhr.

zum Anfassen. Publikumsmagneten sind Shows wie ›Dive with the Sharks‹, bei denen bis zu 2 m große Leopardenhaie Tauchern aus der Hand fressen.

Erawan Shrine

Vom Siam Paragon bummelt man gemütlich auf dem Sky Walk hoch über dem tosenden Verkehr vorbei am Wat Pathum Wanaram, einer Oase der Ruhe, zur Central World Plaza. Schräg gegenüber dem Shopping Center liegt an der verkehrsreichen Kreuzung Thanon Ploenchit und Thanon Ratchadamri neben dem Grand Hyatt Erawan ein Schrein mit der vierköpfigen Hindu-Gottheit Brahma. Als das Luxushotel Mitte des 20. Jh. gebaut wurde, gab es sehr viele Unfälle, angeblich verursacht von Erdgeistern, die von ihrem Platz vertrieben worden waren. Als Ersatz wurde der **Erawan Shrine** 7 für die Geister errichtet – und die Unfälle hörten auf. Schon bald schrieb man ihm Glück bringende Kräfte zu, und er wurde zu einem öffentlichen Wallfahrtsort. Zu jeder Tages- und Nachtzeit umringen Bittsteller, Banker wie Barmädchen, die Brahma-Statue, entzünden Räucherstäbchen und Kerzen und legen so viele duftende Jasmingirlanden nieder, dass die Tempeldiener sie alle paar Minuten wegräumen. So mancher stellt zum Dank für einen in Erfüllung gegangenen Wunsch einen hölzernen Elefanten auf. Andere erfolgreiche Bittsteller danken Brahma, indem sie eine Darbietung klassischer Lakon-Tänze finanzieren. Auch im buddhistischen Thailand genießt Brahma, eine der drei obersten hinduistischen Gottheiten, höchste Verehrung, denn vielen Thai gilt er als Vater des Buddha.

Essen und Gutes tun

Kaffee und Tee, Sandwiches und Snacks genießen – und dabei noch etwas Gutes tun. So lautet das Konzept des von ›Her Royal Highness‹ Princess Maha Chakri Sirindhorn initiierten **Phu Fah Café** 1 im 2. Stock des Siam Discovery Center. Wechselnde Ausstellungen informieren über die verschiedenen Projekte der bei den Thai aller sozialen Schichten beliebten Prinzessin zur Förderung ländlicher Regionen. Die Erlöse kommen den Förderprogrammen zugute: Siam Discovery Center, 2. Stock, Shop 218, Tel. 02 658 02 09, tgl. 10–20.30 Uhr, Gerichte 85–200 Baht.

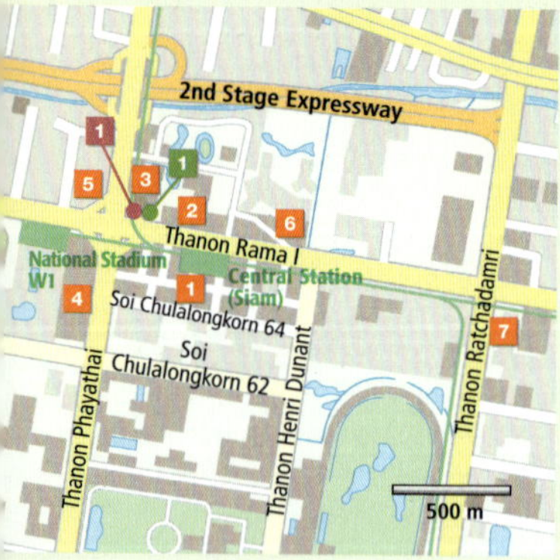

Öffnungszeiten und Eintritt

Madame Tussauds: 989 Thanon Rama I, Tel. 02 658 00 56, www.madametussauds.com/bangkok, tgl. 10–21 Uhr, 800 Baht, Senioren und Kinder 600 Baht.

Bangkok Art and Culture Centre: 939 Thanon Rama I, Tel. 02 214 66 30, www.bacc.or.th, Di–So 10–21 Uhr, Eintritt frei.

Siam Ocean World: Siam Paragon, Thanon Rama I, Tel. 02 687 20 00, www.siamoceanworld.com, tgl. 10–21 Uhr, Shark Feeding Show tgl. 13, 16 Uhr, 950 Baht, Kinder (80–120 cm) 750 Baht.

13 | Ein Ort der Stille und des Stils – das Jim Thompson House

Karte: ▶ H 4 | **Sky Train:** bis Station National Stadium

Es gibt Orte in Bangkok, an denen der Besucher in das alte Siam eintauchen kann und im nächsten Moment wieder im 21. Jh. steht. Einer dieser Orte ist das Jim Thompson House. Ein Ort zum Träumen, umgeben von jenem dunklen Geheimnis, das so manchem heute noch kalte Schauer über den Rücken jagt. Wer war Jim Thompson – und was ist mit ihm geschehen?

Der legendäre ›Seidenkönig‹ Jim Thompson

Die Lebensgeschichte des 1906 geborenen James (Jim) Thompson liest sich wie ein Abenteuerroman. Er kam kurz vor Ende des Zweiten Weltkriegs als amerikanischer Geheimdienstler und Verbindungsmann zur thailändischen Untergrundbewegung gegen das japanfreundliche Regime nach Thailand. Wie die Helden vieler Geschichten von Somerset Maugham, mit dem er in Bangkok Freundschaft schloss, kam er nicht los von Asien. Er verliebte sich nicht nur in eine Tochter Siams, sondern in das ganze Land und ließ sich in Bangkok nieder. Nach einem Intermezzo als Direktor des berühmten Oriental Hotel gründete er die Thai Silk Company und gab damit der in Vergessenheit geratenden traditionellen Kunst der Seidenspinnerei und -verarbeitung neue Impulse.

Zur Legende wurde der ›Seidenkönig‹, als er am Ostersonntag 1967 von einem Ausflug in den Cameron Highlands in Malaysia nicht mehr zurückkehrte. Was war geschehen? Um sein mysteriöses Verschwinden ranken sich die wildesten Gerüchte. Ein Herzin-

Der Buddha aus dem 8. Jh. ist das Prunkstück in Jim Thompsons Arbeitszimmer

farkt? Verlor er die Orientierung und stürzte in eine Schlucht? Wurde er von kommunistischen Guerillas entführt, von Neidern und Konkurrenten ermordet oder gar von einem Tiger gefressen? Trotz mehrerer Suchaktionen blieb Jim Thompson vom Urwald verschluckt.

Jim Thompsons Schätze

Von seinen zahlreichen Reisen durch alle Regionen Thailands hatte Jim Thompson erlesene Antiquitäten mitgebracht, fein ziselierte Keramiken und wertvolles blau-weißes Ming-Porzellan ebenso wie seltene Buddha-Statuen, Seidenmalereien und Holzstiche. Ausgestellt sind die Kostbarkeiten in seinem von Tropengrün umgebenen **Anwesen am Khlong San Sap** 1, einem Teakholzpalast aus sechs zu einem eleganten Ensemble vereinten Häusern im traditionellen Thai-Stil, die er an ihrem ursprünglichen Standort nahe Ayutthaya auseinandernehmen, nach Bangkok transportieren und dort wieder aufbauen ließ. Heute gehört seine Sammlung einer gemeinnützigen Stiftung, die soziale Einrichtungen unterstützt.

Audienz beim ›Seidenkönig‹

Jim Thompson war nicht nur ein kluger Geschäftsmann, sondern auch ein großzügiger Gastgeber, dessen Dinnerpartys stadtbekannt waren. Die meisten Gäste trafen damals, in den 1950er- und 1960er-Jahren, per Boot ein und betraten den Tropengarten durch eine kleine Pforte unten am Kanal. Wenige Schritte nur und sie standen am Eingang des Holzpalastes, wo Besucher damals wie heute von einem Teakholz-Buddha im Ayutthaya-Stil aus dem 17. Jh. begrüßt werden, der in der Tradition der Khmer im Fürstenschmuck mit Krone auf dem Kopf dargestellt ist.

Im Innern summen Ventilatoren. Schwarz-weiß gewürfelte Fliesen aus italienischem Marmor kühlen gestern wie heute die bloßen Füße der Besucher. Die Wände sind mit Seidenmalereien und Gemälden auf Baumwollstoffen aus der Ayutthaya-Periode (15.–

18. Jh.) drapiert, die einst zur Ausschmückung von Tempeln dienten. Eine polierte Holztreppe leuchtet im dunklen Braunton. Ein Stilbruch im Übrigen, denn in traditionellen Thai-Häusern aus dem 19. Jh. befindet sich die Treppe stets außen.

Oben im großen, luftigen Salon mit tiefen Sofas, der sich zu einer Terrasse öffnet, empfing Jim Thompson abends die Besucher. In der Küche, in der heute wertvolles Benjarong-Porzellan aus dem 18./19. Jh. ausgestellt ist, bereitete sein chinesischer Koch Thai-Menüs für zehn oder mehr Gäste. Auf dem großen Tagesbett im Wohnzimmer, über dem ein belgischer Kronleuchter aus dem 19. Jh. hängt, pflegte der Hausherr sein Mittagsschläfchen zu halten.

Ausgewählte Gäste wurden in das Arbeitszimmer gebeten, wo im Licht von Pendelleuchten Buddha-Statuen ihre Schatten auf die Holzdielen warfen. Prunkstück ist heute noch ein wertvoller Buddha aus dem 8. Jh. mit breitem Gesicht, kräftiger Nase, wulstigen Lippen, spiraligen Locken, mandelförmigen Augen und durchgehenden, geschwungenen Augenbrauen – charakteristische Merkmale des Dvaravati- oder Mon-Stils. Der berühmte englische Schriftsteller Somerset Maugham, ein regelmäßiger Gast im Hause Thompson, war so begeistert, dass er dem Hausherrn ins Gästebuch schrieb: »Sie besitzen nicht nur wunderbare Dinge, sondern auch die wunderbare Gabe, sie mit sicherem Geschmack zusammenzustellen.«

Besucher, die über Nacht blieben, amüsierten sich im Gästezimmer über lustige Nachttöpfe in Form von Katzen und Fröschen. An den Wänden des Schlafzimmers des Hausherrn hängen Fotos von ihm, aufgenommen kurz vor seinem mysteriösen Verschwinden.

Übrigens: Vom Jim Thompson House trat der edle Stoff seinen Siegeszug rund um die Welt an. Der Laden am Eingang führt – in einer hervorragenden Qualität – immer noch alles, was sich aus Seide denken lässt, von Krawatten bis zum Anzug, vom Taschentuch bis zum Abendkleid. Eine noch größere Auswahl bieten das Hauptgeschäft in der Thanon Surawong und mehrere Dependancen (s. S. 106).

Essen und Trinken

Längst haben die Garküchenbesitzer, die früher mit dem Fahrrad durch die Straßen fuhren, in den modernen Vierteln von Bangkok ihre festen Stände in überdachten Märkten oder in Shopping-Center eingerichtet. So kann man im 5. Stock des **Mah Boon Krong Department Store** 1 einen kulinarischen Streifzug durch die Küchen Asiens machen. Für wenig Geld (Gerichte 50–100 Baht) erhält man hier frisch zubereitet alles, was der Gaumen begehrt, von chinesischer Schwalbennestersuppe über japanische Sushi bis hin zu typisch thailändischen Hühnerfleischbällchen.

Infos

Jim Thompson House: 6 Soi Kasemsan 2, Thanon Rama I, Tel. 02 216 73 68, www.jimthompsonhouse.com

Öffnungszeiten und Eintritt: tgl. 9–17 Uhr, alle 10 Min. halbstündige Führungen auf Englisch, letzte Führung 16.30 Uhr; 100 Baht, Kinder 50 Baht; Zutritt nur in dezenter Kleidung, Fotografieren nur im Außenbereich erlaubt, die Innenräume dürfen nur unbeschuht betreten werden.

14 | Ein Fest für die Sinne – der Chatuchak Weekend Market

Karte: ▶ nördl. J 1 | **Sky Train:** bis Station Mochit

Trotz der zahlreichen klimatisierten Shopping-Malls erfreuen sich Bangkoks Märkte – allen voran der riesige Chatuchak Weekend Market – bei den Einheimischen ungebrochener Beliebtheit. Touristen bieten sie nicht nur Shopping-Vergnügen zu günstigen Preisen, sie gewähren auch Einblick in ein pralles, geschäftiges Alltagsleben.

Grenzenlose Vielfalt

Der Chatuchak Weekend Market gegenüber dem Northern Bus Terminal ist Bangkoks bester und buntester Markt mit rund 10 000 Ständen (genau weiß das niemand), ein Dorado für Sammler und Schnäppchenjäger und ein einzigartiges Erlebnis für die Sinne. Für Touristen besteht der besondere Reiz in seinen exotischen Aromen, Farben und Tönen. Die Vielfältigkeit des Angebots ist umwerfend – in dem riesigen Labyrinth gibt es nichts, was es nicht gibt, und das zu unerhört günstigen Preisen. Auf mehr als 100 000 m² werden Kleidung, kunsthandwerkliche Produkte, Kuriosa, Schmuck, religiöses Zubehör, CDs und DVDs, Bücher, Haushaltsutensilien, Blumen und Singvögel präsentiert. Zum Angebot gehören aber auch Geisterhäuschen und Bonsaibäume, Opiumpfeifen und Uraltausgaben von »Spiegel« oder »Stern«. Sogar siamesische Kampffische und lebende Kobras kann man hier kaufen. An Essensständen kann man Snacks wie frittierte Heuschrecken, Käfer am Spieß und Hühnerfußsalat goutieren. Ein Wochenende reicht nicht aus, um den angeblich größten Markt Südostasiens bis in den letzten Winkel zu erforschen.

Sektionen und Sois

Viele finden es am schönsten, dem Entdeckungsdrang freien Lauf zu lassen, sich an Geräuschen und Gerüchen zu orientieren oder sich einfach vom unablässigen Strom der Passanten treiben zu lassen. Wer gezielt auf Shoppingtour gehen will, kann sich im **Information Center** an der Thanon Kamphaeng Phet nahe der Subway Station einen Plan besorgen. Der riesige Markt ist in nummerierte Sektionen gegliedert, die wiederum in Sois unterteilt sind. Wer in den Gassen zwischen den Ständen, in denen sich an manchen Tagen mehr als 200 000 Menschen drängen, dennoch die Übersicht verloren hat, kann sich an dem aus dem brodelnden Shopping-Chaos herausragenden **Uhrturm** 1 im Zentrum des Marktes orientieren.

Bummel durch den Markt

Echte und nachgemachte **Antiquitäten** 1, Kram und Krusch sowie (Secondhand-)Bücher gibt es in Sektion 1 gleich neben der Metrostation. Riesig ist die **Textilabteilung** 2 (Sektionen 12–26), die schräg gegenüber der Metrostation beginnt und in der man auch Schmuck und Accessoires kaufen kann. Silberschmuck in westlichem Design bietet Silver Sand Jewelry (Sektion 26, Soi 19/1). Ein Paradies für Fotografen ist der **Blumenmarkt** 3 in den Sektionen 2–4, wo Orchideen in einem Feuerwerk an Farben mit anderen Blumenarten konkurrieren. Duftöle und natürliche Aromastoffe sind bei Karmakamet (Sektion 2, Soi 3) erhältlich. Ledersandalen nach Maßanfertigung gibt es bei Bigfoot (Sektion 4, Soi 1). Sektion 5 und 6 sind auf **Secondhand-Textilien** 4 sowie Army- und Outdoor-Bekleidung spezialisiert (Hinweis: Gebrauchte Kleidung wird immer ungebügelt angeboten). Eine große Auswahl an kunsthandwerklichen **Souvenirs** 5 bietet

Übrigens: Feilschen will gelernt sein. Selbst wenn die Preise auf Bangkoks Märkten und Shoppingmeilen Europäer in einen Kaufrausch versetzen können, heißt die Devise »Nicht gleich zugreifen, erst handeln!«. Festpreise gibt es nur in großen Kaufhäusern und teuren Fachgeschäften. Aber selbst dort gewährt man, wenn die Kunden danach fragen, häufig Rabatte.
Als Faustregel gilt: Man nennt einen Preis etwa 50 % unter dem des Händlers und einigt sich bei etwa Zweidrittel des ursprünglich geforderten Betrags. Ein guter Zeitpunkt zum Feilschen ist der frühe Morgen. In Thailand sehen viele Händler den Abschluss des ersten Geschäfts als Omen für den Verlauf des Tages. Man sollte jedoch nicht noch um den letzten Baht schachern, denn jemand, der einen Preis stärker herunterhandelt, als es seine soziale Position gerechtfertigt erscheinen lässt, verletzt die Pflicht des Höhergestellten, armen Leuten zu helfen.

Sektion 10. Die **zoologische Abteilung** 6 befindet sich in den Sektionen 13 und 15. Leider werden dort auch geschützte Tierarten verkauft. In der Außenreihe der Sektionen 11–25 findet man typische **thailändische Keramikwaren** 7. Edel sind die Krüge, Vasen und Teller der milchig grünen Celadon-Keramik, denen die gesprungene Glasur ein antikes Aussehen verleiht. Eine gute Adresse ist dort Thong Charoen Ceramic (Sektion 17, Soi 8/1). Thailändische Musikinstrumente gibt es in Sektion 8. Die **Künstlerateliers** 8 in Sektion 7 sind auf das Kopieren von Meisterwerken großer Maler spezialisiert. Einen »Van Gogh« gibt es dort schon ab 1000 Baht. Zum Abkühlen geht es in die **Chatuchak Plaza** 9, eine klimatisierte Shopping-Mall rechts vom Information Center. Dort gibt es vor allem Textilien und Kunsthandwerk sowie einige gute Restaurants.

Amulett- und Antiquitätenmarkt

Außerhalb des Chatuchak Market hat sich an der Thanon Kamphaeng Phet und an der Thanon Paholyothin ein großer **Amulett- und Antiquitätenmarkt** 10 etabliert. Im Halbschatten bunter Baldachine begutachten Experten mit der Lupe Buddha-Amulette, die aus Kalk und geheiligtem Wasser gepresst sind. Anhand feiner Details und besonderer Merkmale wie der Zusammensetzung des Materials können sie erkennen, aus welcher Zeit die Amulette stammen. Raritäten sind bis zu über 600 Jahre alt – und entsprechend teuer! Manchmal wechseln hier einige Hunderttausend Baht den Besitzer. Die Bereitschaft, so viel Geld auszugeben, beruht auf dem Glauben an die Kraft und Wirkung der Amulette. Manche machen unverwundbar, andere verhelfen zu Glück und Ausdauer oder Macht und Wohlstand. Wer Laune und Libido steigern will, erwirbt ein Liebesamulett, das Erfolg beim anderen Geschlecht verschafft. Viele thailändische Männer und Frauen tragen mehrere mit magischen Kräften beladene Amulette und Talismane um den Hals, um sich vor Missgeschicken zu schützen und dem Schicksal etwas nachzuhelfen.

Infos

Am besten kommt man morgens auf den Markt, denn ab Mittag wird es eng und heiß. Vor allem dann sollte man sich vor Taschendieben und ›Schlitzern‹ in Acht nehmen und die Handtaschen stets vorne tragen und ein Auge darauf haben!

Nach einem anstrengenden Einkaufsbummel wirkt eine **Thai-Massage** Wunder. Vielen hilft auch eine Fußmassage wieder auf die Beine. Massageshops konzentrieren sich in den äußeren Reihen der Sektionen 2–4. Herrlich entspannen kann man im Anschluss im nahen Chatuchak Park (s. S. 75). Wer seine Waren nach Hause schicken will, wende sich an **UPS,** Sektion 1, Soi 2, Tel. 02 272 52 80.

Tipps und Adressen

Chatuchak Weekend Market: Information Center, Thanon Kamphaeng Phet, Tel. 02 272 44 40-1, www.jatujakguide.com, Sa, So 6–18 Uhr.

Weitere Märkte und Straßenmärkte: Bobay Market, Khlong Toey Market, Phak Khlong Market, Patpong- und Silom-Touristenbasare, Pratunam Market, Soi Bank Market, Thewet Flower Market und Asiatique The Riverfront (s. S. 99) sowie Nakhon Kasem Market (s. S. 53), Pahurat Market (s. S. 50) und Sampeng Lane (s. S. 53).

15 | Mehr als Go-go-Bars – Bangkok by night

Karte: ▶ H 7 | **Sky Train:** bis Station Sala Daeng, **Subway:** Station Silom

Hört man vom Nachtleben in Bangkok, denkt man meist an schummrige Nachtclubs und Massagesalons, Go-go-Girls und Prostituierte. Doch neben den Einrichtungen, die den zweifelhaften Ruf der Stadt geprägt haben, gibt es auch anspruchsvolle Unterhaltung – sogar in und um die berühmt-berüchtigte Patpong.

Patpong

Bangkoks weit über die Landesgrenzen hinaus bekannte Vergnügungsmeile Patpong besteht aus zwei zwischen der oberen Thanon Silom und Thanon Surawong parallel verlaufenden Straßen, Patpong 1 und Patpong 2, mit mehr als 200 Bars, Nachtclubs, Discos und Cocktaillounges. Wie die Hamburger Reeperbahn zählt die Patpong zu den berühmtesten Rotlichtbezirken der Welt. Bummeln Sie zur Einstimmung über den **Patpong Nightmarket** 1 (s. S. 101) in der Patpong 1 und werfen Sie dabei einen Blick in eine der Go-go-Bars, in denen junge Frauen in knappen Glitzerbikinis auf Laufstegen tanzen. Lassen Sie sich aber nicht von Türstehern in eine Bar in einem der oberen Stockwerke locken, in denen Ihnen bei dubiosen Sexshows das Geld aus der Tasche gezogen wird (s. S. 71).

Als seriös gelten hingegen die Nachtlokale der King's Group, etwa **King's Castle, Queen's Castle und King's Corner** 2. In letzterer kann man die wohl formvollendetsten Körper der Stadt bewundern, aber erst auf den zweiten Blick erkennt man (wenn überhaupt!), dass es sich bei einigen der atemberaubenden Tänzerinnen um perfekte Kunstwerke der plastischen Chirurgie handelt. Es sind *kathoey* oder *ladyboys*, die als Hermaphroditen oder Transsexuelle zum ›dritten Geschlecht‹ gehören.

Hungrig?

Auch im Rotlichtbezirk gibt es einige hervorragende Restaurants. Eine ruhige Oase im Trubel der Patpong 1 ist das minimalistisch ausgestattete **Tip-Top** 1, das gute thailändische und italienische Gerichte bietet. Die besten Pizzas von Bangkok gibt es bereits seit 1969 in der **Madrid Tavern** 2, einer ruhigen Bar ohne ›Anmache‹. Beinahe schon Kultstatus besitzt **Mizu's Kitchen** 3, das älteste japanische Restaurant von Thailand. Gegründet wurde das urige Lokal von einem Chinesen mit einem Faible für fernöstliche Küche und guten Jazz. Beides kann man hier heute noch genießen, auch wenn es in dem kleinen Restaurant etwas ranzig riecht. Ursache dafür sind die Sizzling Steaks und Fischgerichte, die auf einer heißen Platte serviert werden. In den 1960er-Jahren trafen sich hier die Mitglieder des Foreign Correspondent Club of Thailand. Zwischen Go-go-Bars versteckt sich in der Patpong 2 das alteingesessene französische Restaurant **Le Bouchon** 4. Da das Lokal nur sieben Tische besitzt und sich bei Kennern großer Beliebtheit erfreut, sollte man reservieren.

Radio City

Nun ist es Zeit für einen Abstecher in eine weitere Lokalität mit Kultstatus. Die Musik-Bar **Radio City** 3 trotzt seit einem Vierteljahrhundert auf Bangkoks ›sündiger Meile‹ erfolgreich der Konkurrenz aus grellen Go-go-Bars und schummrigen Sexschuppen. Ab 23 Uhr sorgen ein hüftenschwingender Thai-Elvis und ein schmachtender Tom Jones für Begeisterungsstürme. Vorher gibt es Live-Rock'n'Roll.

›Soi kathoey‹

Weiter geht es zur ›Soi kathoey‹, wie die als Bangkoks ›schwule Meile‹ bekannte Soi Silom 4 auch genannt wird. Zwar werden die dortigen Szenelokale vorwiegend von Gays besucht, aber Heteros fallen nicht unangenehm auf, allenfalls durch das flauere Outfit. Szene-People fühlen sich in der Hip-Bar **Telephone** 4 wohl. Dort ist es immer voll. Sehen und gesehen werden lautet das Motto. Der Clou sind die Telefone auf jedem Tisch, mit denen man andere Gäste anklingeln kann. Zu Bangkoks *pink precinct* gehört auch die etwas weiter nördlich gelegene Soi Silom 2. Eine beliebte Anlaufstelle ist dort **DJ Station** 5. In dem meist proppenvollen Club setzen sich allnächtlich ab 23 Uhr zweimal bizarr gestylte Transvestiten fulminant in Szene. In wunderbaren Kostümen präsentieren die Travestiekünstler sehr schrille, extrovertierte Shows – Madonna, Gloria Estefan, Tina Turner und andere mehr, fast so gut wie im echten Leben. Auch wenn Nicht-Thais und Nicht-Schwule die Hälfte der Pointen und Anspielungen nicht verstehen, bleibt ein Besuch in dem Club unvergesslich. DJ Station hat übrigens im »Spartacus«, dem weltweiten Schwulenführer, Erwähnung gefunden.

Über Soi Thaniya zurück zur Patpong

Über die als Little Japan bekannte Soi Thaniya, in der japanische Geschäftsleute und Touristen in gepflegten Clubs gern unter sich sind und ›Members only‹-Schilder ungebetene Gäste anderer Nationalitäten fernhalten, kehren wir zu später Stunde zurück zur Patpong 1, wo der Ausflug ins Nachtleben im **Music Café** 6 endet. Weit nach Mitternacht ist diese vorher eher ruhige Livemusik-Bar ein Treffpunkt der Nachteulen aller Couleur. Wenn in den benachbarten Go-go-Bars die Lichter schon längst erloschen sind, dann geht hier trotz der Sperrstunde (!) bei dröhnender Rockmusik die Post ab.

Adressen

King's Corner: Soi Patpong 1, Bangrak, Tel. 02 234 37 69, tgl. 19–1 Uhr.
Tip-Top: 46–48 Soi Patpong 1, Bangrak, Tel. 02 233 78 70, tgl. 17–1 Uhr, Gerichte 100–350 Baht.
Madrid Tavern: 78/3 Soi Patpong 1, Bangrak, Tel. 02 234 69 05, tgl. 11–1 Uhr, Gerichte 120–300 Baht.
Mizu's Kitchen: 32 Soi Patpong 1, Bangrak, Tel. 02 233 64 47, tgl. 11–1 Uhr, Gerichte 150–400 Baht.
Le Bouchon: 37/17 Soi Patpong 2, Bangrak, Tel. 02 234 91 09, tgl. 12–15, 18–24 Uhr, Gerichte 180–460 Baht.
Radio City: 73/1–3 Soi Patpong 1, Bangrak, Tel. 02 266 45 67, tgl. 19–1 Uhr.
Telephone: 114/11–13, Soi Silom 4, Bangrak, Tel. 02 234 32 79, www.telephonepub.com, tgl. 18–1 Uhr.
DJ Station: 8/6–8, Soi Silom 2, Bangrak, Tel. 02-266 40 29, www.dj-station.com, tgl. 20–3 Uhr, Tickets: So–Do 180 Baht, Fr, Sa 330 Baht.
Music Café: 12 Soi Patpong 1, Bangrak, Tel. 02 234 17 69, tgl. 22–6 Uhr.
Infos im Internet: www.patpongnightlife.com.

Warnung vor Sexshows

»Come in! Live show, sex show! Pussy Ping Pong, Pussy Banana, Pussy Balloon!« Mit solchen Sprüchen versuchen Türsteher, Kunden in dubiose Bars zu locken. Patpong hat sich mancherorts zur Touristenfalle gewandelt.
Die Bars zu ebener Erde sind eher harmlos, aber den Besuch der Etablissements in den oberen Etagen haben schon viele bereut. Dort laufen meist Sexshows zu Wucherpreisen. Schon mancher Besucher, der sich weigerte, die Rechnung zu zahlen, wurde mit ›handfesten‹ Argumenten überredet. Notfalls mit der Tourist Police drohen und die Bar so schnell wie möglich verlassen. Fragen Sie schon vorher, ob eine *cover charge* oder *show charge* verlangt wird.

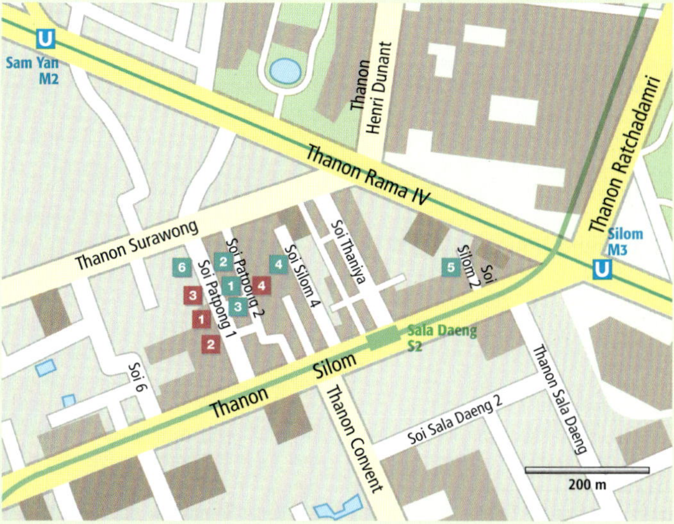

Noch mehr Bangkok

Gebäude, Ensembles

Baiyoke 2 Tower ► J 3

222 Thanon Ratchaprarop, Pratunam, Tel. 02 656 30 00, AC-Bus 505, 511, tgl. 10.30–22.30 Uhr, vor 16 Uhr 200 Baht, nach 16 Uhr 250 Baht, Kinder unter 120 cm gratis

In weniger als einer Minute befördern Hochgeschwindigkeitsaufzüge die Passagiere zur Aussichtsplattform im 77. Stock des mit 309 m Höhe höchsten Bauwerks von Thailand. Dort oder auf der drehbaren Aussichtsplattform im 84. Stock bietet sich ein ausgezeichnetes Panorama der ausufernden Metropole. Der Wolkenkratzer ruht auf 306 Stahlbetonpfeilern mit einem Durchmesser von jeweils 1,5 m, die 56 m tief in den Schwemmsandgrund reichen. Ursprünglich sollte der Baiyoke 2 Tower mit einer geplanten Höhe von 465 m das damals höchste Gebäude der Welt werden, doch machte die schwere Wirtschaftskrise Ende der 1990er-Jahre den Bauherren einen Strich durch die Rechnung.

Kamthieng House ► L/M 5/6

131 Soi 21 (Soi Asoke), Thanon Sukhumvit, Sukhumvit, Tel. 02 661 64 70, Sky Train: Station Asoke, Di–Sa 9–17 Uhr, 140 Baht, Kinder 40 Baht

Das traditionelle, auf 36 Pfeilern ruhende Teakhaus im Lan-Na-Stil aus dem Norden des Landes wurde hier in einem Tropengarten wieder aufgebaut. Das etwa 150 Jahre alte ehemalige Wohnhaus einer begüterten Familie aus Chiang Mai bildet zusammen mit einem Reisspeicher aus derselben Gegend den stilvollen Rahmen für ein Museum, das der bäuerlichen Kultur Nordthailands gewidmet ist. Einrichtung und Exponate vom Holzpflug bis zum Webstuhl sowie Trachten der Bergstämme vermitteln einen Einblick in die Lebensgewohnheiten der Landbevölkerung. Auf dem Areal hat zudem die Siam Society ihren Sitz, die sich der Erforschung und Pflege der thailändischen Kultur widmet.

Suan Pakkard Palace ► J 3

352 Thanon Sri Ayutthaya, Pratunam, Tel. 02 245 49 34, Sky Train: Station Phayathai, tgl. 9–16 Uhr, 140 Baht

Im Schatten von Wolkenkratzern verstecken sich inmitten eines Tropengartens mit einem malerischen Lotosteich fünf traditionelle Thai-Häuser, die viel vom Flair des alten Siam vermitteln. Jedes dieser auf Stelzen errichteten und durch Holzstege miteinander verbundenen Teakgebäude birgt eine Sammlung erlesener Antiquitäten, die von ihrer Königlichen Hoheit Prinzessin Chumbhot zusammengetragen wurden. Zu den Kostbarkeiten der Palastanlage gehört der Lacquer Pavillon aus dem 17. Jh., der aus Ayutthaya stammt und hier, sorgfältig restauriert, wieder aufgebaut wurde. Seinen Namen verdankt der graziöse Bau den kunstvollen Schwarz-Gold-Lackmalereien an den Innenwänden, die in fortlaufenden Bildern Episoden aus dem Leben des Buddha und aus dem »Ramakien« darstellen. In den anderen Gebäuden werden Buddha-Statuen, alte Gemälde, Chinoiserien, traditionelle Musikinstrumente, wertvolle Khon-Masken, bemalte Keramiken und vieles mehr ausgestellt. Im Eintrittspreis enthalten ist auch ein Fächer, der beim Rundgang durch die stickigen, nicht klimatisierten Gebäude gute Dienste leistet.

Tempel

Wat Arun ► C 5

Thanon Arun Amarin, Thonburi, www.watarun.org, Fähre ab Tha Thien Ferry Pier, tgl. 7.30–17.30 Uhr, 50 Baht

Der 79 m hoch aufragende mittlere Turm mit abgerundeter Spitze (*prang*) des Wat Arun, den vier kleinere Türme umgeben, symbolisiert den kosmischen Berg Mahameru, den Sitz der hinduistischen Götter, und ist zugleich eines der Wahrzeichen der Stadt. Ein Mosaik aus Tausenden glasierten Keramikplättchen, die im Morgenlicht funkeln, verziert den Turm. Daher wird der 1842 vollendete Bau auch als ›Tempel der Morgenröte‹ bezeichnet. Als der mittlere Turm fast fertig war, gingen die Mosaiksteinchen zur Neige. Gläubige zerschlugen ihr Porzellan und lieferten die Scherben ab, denn durch diese gute Tat erwarben sie religiöse Verdienste, die sich günstig auf ihr nächstes Leben auswirken würden. Schwindelfreie Besucher können auf vier steilen Treppen den Turm erklimmen und genießen dann von einem Absatz auf halber Höhe die schöne Aussicht über das Tem-

Wat Arun, der ›Tempel der Morgenröte‹

Buddhistische Meditation

Das **International Buddhist Meditation Center** (► C 4) des Wat Mahathat steht auch ohne Voranmeldung Ausländern offen. Täglich um 16 Uhr halten englischsprachige Meditationslehrer kostenlose Einführungskurse in buddhistischen Meditationstechniken ab. Zudem beginnen um 7, 13 und 18 Uhr zwei- bis dreistündige Meditationsübungen (Wat Mahathat, Thanon Na Phra That, Rattanakosin, Tel. 02 222 60 11, www.mcu.ac.th, AC-Bus 503, 508, 512, Expressboot bis Tha Chang Ferry Pier).
Meditationskurse auf Englisch bietet zudem jeden ersten Sonntag im Monat von 14–17 Uhr die **World Fellowship of Buddhists** (616 Soi 24, Thanon Sukhumvit, Khlong Toey, Tel. 02 661 12 84-7, www.wfbhg.org, Sky Train: Station Phrom Phong).

pelgelände und den Mae Nam Chao Phraya.

Wat Indraviharn ► E 2

Thanon Samsen, Banglamphoo, AC-Bus 3, 6, 17, tgl. 8–18 Uhr

Eine 33 m hohe Buddha-Statue, 1867 begonnen, überragt den Tempel. Zur 200-Jahr-Feier von Bangkok 1982 wurde die Statue vollendet und mit Gold überzogen. Die riesigen Zehennägel dienen den Gläubigen als Altar für Opfergaben.

Wat Khaek (Sri Mariamman Temple) ► G 7

Thanon Silom/Thanon Pan, Bangrak, AC-Bus 15, 77, 115, tgl. 6–20 Uhr

Dieser von südindischen Immigranten in den 60er-Jahren des 19. Jh. an der Thanon Silom errichtete Tempel wird von den Thai meist Wat Khaek genannt – Tempel der Gäste. Die Gopuram genannten Tempeltürme des der Hindu-Göttin und Shiva-Gattin Uma Dewi geweihten Heiligtums sind von einem nahezu lückenlosen Mantel aus bunt bemalten Götterfiguren überzogen. Dass auch Buddha seinen Platz im hinduistischen Pantheon hat, beweist eine Statue im Tempel. Besucher sind willkommen, allerdings ist das Fotografieren im Tempel nicht gestattet.

Museen

King Prajadhipok Museum ► E 3

Th. Ratchadamnoen Nok, Phra Nakhon, Tel. 02 280 34 34, www.kingprajadhipokmuseum.org, AC-Bus 503, 508, 512, Di–So 9–16 Uhr, Eintritt frei

Historische Fotografien, Dokumente und persönliche Erinnerungsstücke illustrieren Leben und Wirken von König Prajadhipok (Rama VII.), während dessen Regentschaft am 24.6.1932 in einem unblutigen Staatsstreich die absolute Monarchie in Thailand abgeschafft und der König zum konstitutionellen Staatsoberhaupt ›degradiert‹ wurde.

Museum of Forensic Medicine ► B 3

Sirirat Hospital, Thanon Arun Amarin, Bangkok Noi, Thonburi, Tel. 02 419 70 00, Expressboot bis Phrannok Ferry Pier, Mo–Sa 9–16 Uhr, 50 Baht

Die Sammlung des Museums für Gerichtsmedizin des 1888 gegründeten, ersten westlichen Krankenhaus ist nichts für zarte Gemüter. Zu den skurrilen Exponaten gehören ein aufgeschnittener Schädel, in dem noch ein Projektil steckt, und der mumifizierte Körper eines Massenmörders, der unter dem Schwert des Scharfrichters starb.

National Art Gallery ► C/D 3

Thanon Chao Fa, Banglamphoo, Tel. 02 282 26 39, AC-Bus 503, 508, 512, Mi–So 9–16 Uhr außer Fei, 30 Baht

Die National Art Gallery gilt als bestes Kunstmuseum des Landes. Einige Tausend Arbeiten repräsentieren traditionelle und zeitgenössische Thai-Kunst. Auf ein reges Interesse stoßen die regelmäßigen, oft hochkarätigen Wechselausstellungen. Ausgestellt sind übrigens auch mehrere Ölgemälde von König Bhumipol Adulyadej.

Parks und Gärten

Benjasiri Park ► M 6

Zwischen Soi 22 und Soi 24, Thanon Sukhumvit, Sky Train: Station Phrom Phong, tgl. 8–18 Uhr

Der ruhige Park mit Blumenbeeten, Lotosteich und Skulpturengarten ist eine grüne Lunge im Asphaltdschungel der kilometerlangen Thanon Sukhumvit. In

Per Expressboot das Chaos auf dem Fluss erleben

Schwarze Rußwolken ausstoßend pflügt ein schwerfälliger Motorkutter mit einem Pulk hölzerner Lastkähne im Schlepp durch die braunen Fluten. Unter höllischem Lärm schießen schlanke, von langen Propellerschrauben angetriebene ›Langschwanz‹-Boote mit hoher Geschwindigkeit vorbei. Gemächlich pendeln Passagierfähren von einem Ufer zum anderen. Dazwischen paddeln Frauen und Kinder in kleinen Nachen. Das bunte Treiben auf dem **Mae Nam Chao Phraya** kann man gut von einem der **Expressboote** beobachten, die täglich von 6–19 Uhr alle 10–20 Min. zwischen Nonthaburi im Norden und Rajburana im Süden verkehren. Sie bieten nicht nur eine preiswerte Möglichkeit, Bangkok vom Wasser her kennenzulernen, mit ihnen entkommt man zudem den chronischen Verkehrsstaus.
Von den Piers (*tha*) gelangt man zu Fuß zu den Sehenswürdigkeiten um den Sanam Luang, nach Little India und Chinatown sowie zu den großen Hotels. Eine beliebte Zustiegsstelle ist das Sathorn Ferry Pier bei der Taksin Bridge (Saphan Taksin), wo sich auch eine Sky-Train-Station befindet. Außer den Booten der Local Line, die an jedem Pier halten, sind alle Boote mit orangefarbenen, gelben und grünen Flaggen für die jeweilige Linie gekennzeichnet (Einzeltickets 10–32 Baht). Auf der Route der regulären Expressboote verkehren zwischen Sathorn Ferry Pier und Phra Arthit Ferry Pier von 9.30–16 Uhr im 30-Minuten-Takt auch die teureren **Chao Phraya Tourist Boats,** in denen Fremdenführer über Lautsprecher auf Englisch Sehenswürdigkeiten kommentieren (Tel. 02 623 60 01-3, www.chaophrayaexpressboat.com, One Day River Pass 150 Baht).

der von Bürohochhäusern, Hotels, Restaurants und Shopping Center umringten Grünanlage kann man nach dem Einkaufsbummel entspannen.

Chatuchak Park ▶ nördl. J 1

Thanon Paholyothin, Chatuchak, Sky Train: Station Mochit, Subway: Station Chatuchak Park, tgl. 6–20 Uhr

Grüne Lunge, Freizeitoase und Picknickplatz – so könnte man den neu angelegten Park gegenüber vom Northern Bus Terminal nennen. Vor allem an Wochenenden strömen zahlreiche *khon isaan* hierher, ›Gastarbeiter‹ aus dem verarmten Nordosten Thailands. Dann brutzeln über Holzkohlegrills *gai yaang*, leckere Brathähnchen, zu denen es *somtam*, einen höllisch scharfen Salat aus grünen Papayas, und *khaao niao*, Klebreis, gibt. *Farangs* kommen, um sich nach dem Besuch des benachbarten Wochenendmarktes zu entspannen.

King Rama IX Royal Park (Suan Luang) ▶ östl. M 6

Soi 103, Thanon Sukhumvit, Phra Khanong, AC-Bus 133, 145, 207 bis Soi 103, dann umsteigen in einen Richtung Osten fahrenden Kleinbus, tgl. 6–18 Uhr, 20 Baht

Der 80 ha große Park an der östlichen Peripherie der Stadt wurde anlässlich des 60. Geburtstags von König Bhumipol Adulyadej am 5.12.1987 eröffnet. Die Anlage spiegelt die geografische Gliederung Thailands wider. Zum Suan Luang gehören ein botanischer Garten, ein künstlicher Lotossee mit Fischen und Wasservögeln sowie ein Museum, das dem Lebenswerk des neunten Rama gewidmet ist.

Ausflüge

Bang Pa-In und Ayutthaya ► Karte 4

Die schönste Möglichkeit, die alte Hauptstadt des Königsreiches Siam und den Sommerpalast der Monarchen in Bang Pa-In zu besuchen, ist eine kombinierte Boot-Bus-Tour. Etwa 20 km nördlich des Stadtzentrums passiert das Ausflugsboot **Ko Kret** eine kleine, idyllisch-dörfliche und autofreie Insel im Mae Nam Chao Phraya, die entstand, als man das nördliche und das südliche Ende einer weiten Flussschlaufe durch einen Kanal verband. Auf Ko Kret, wo die Töpferkunst eine lange Tradition hat, produziert man heute noch feine Töpferwaren, vor allem Wasserkrüge.

Hinter dem Provinzstädtchen **Pathum Thani** legen die Boote beim ›Storchentempel‹ Wat Pailom an. Dieser ist zwar architektonisch nicht von großer Bedeutung, aber das Tempelareal ist Heimat für Tausende von Silberklaffschnabel-Störchen aus Bangladesch, die von Dezember bis Juni in das Schutzgebiet kommen, um zu brüten und ihre Jungen aufzuziehen.

Nächste Station ist das **Royal Folk Arts & Craft Center** in Bang Sai, in dem unter der Schirmherrschaft der Königin Kunsthandwerker ausgebildet werden; eine gute Einkaufsmöglichkeit für hochwertige kunstgewerbliche Souvenirs! Knapp 60 km nördlich von Bangkok liegt an einer Biegung des Chao Phraya **Bang Pa-In** mit der Sommerresidenz der Ayutthaya-Könige. Nachdem die Burmesen Ayutthaya 1767 zerstört hatten, war der Palast 80 Jahre verwaist, denn er lag zu weit abseits vom neuen Regierungssitz in Bangkok. Ihr heutiges Gesicht, ein Potpourri aus fernöstlichen und europäischen Stilelementen, erhielt die Anlage durch König Mongkut und seinen Nachfolger König Chulalongkorn Mitte des 19. Jh. Wegen seiner prächtigen Dekorationen und harmonischen Proportionen gilt der anmutige **Pavillon Aisawan Thi Phaya At** aus dem Jahr 1876, der malerisch in einem künstlichen Teich steht, als ein besonders gut gelungenes Beispiel traditioneller thailändischer Baukunst. An ein venezianisches Palais erinnert dagegen die am Ufer desselben Teiches gelegene Audienz- und Thronhalle **Varophat Phiman.** Das Prunkstück von Bang Pa-In ist der prachtvolle, 1889 errichtete chinesische Palast **Vihat Chamrun,** ein Geschenk der reichen chinesischen Gemeinde von Bangkok an König Chulalongkorn, die sich damit dessen Wohlwollen sichern wollte.

Ayutthaya, 15 km weiter nördlich, war von 1350–1767 die Hauptstadt des Königreiches Siam. Nach der Plünderung durch die Burmesen ist vom alten Glanz kaum noch etwas erhalten. Dennoch zählt die einstige Metropole mit rund 500 Ruinen zu den herausragenden kulturellen Highlights von Thailand. Einen Überblick über die Geschichte der ehemaligen Königsstadt erhält man im **Ayutthaya Historical Study Center.** Die umfangreiche Sammlung des **Chao Sam Phraya National Museum** gibt eine gute Einführung in Kunst und Kultur der Ayutthaya-Periode. Buddha-Statuen aus Stein und Bronze gehören ebenso dazu wie Thronsessel früherer Könige, Edelholzmöbel, Lackarbeiten und Waffen.

Die bedeutendsten Sakralbauten des alten Ayutthaya liegen rings um den Rama Park. Einen elegant proportionierten Prang besitzt der 1369 erbaute **Wat Phra Ram.** Der zwischen 1492 und 1530 erbaute Haupttempel von Ayutthaya, **Wat Phra Si San Phet**, diente einst als königlicher Palasttempel. Als ›Privattempel‹ des Monarchen besaß er wie der Wat Phra Kaeo in Bangkok keine Mönchsunterkünfte. Der einst nordwestlich angrenzende Königspalast wurde von den Burmesen dem Erdboden gleichgemacht. Im 1384 errichteten **Wat Mahathat** findet man eines der beliebtesten Fotomotive Ayutthayas: einen Buddha-Kopf, der von Baumwurzeln umschlossen ist. Zu den eindrucksvollsten Baudenkmälern zählt der restaurierte Prang des **Wat Ratchaburana,** in dem ausdrucksstarke Fresken mit buddhistischen Motiven erhalten blieben.

Am Rande des historischen Kerns liegt der Palast **Chandra Kasem** mit einem Museum zur Kunst der Ayutthaya-Periode. **Wat Phanan Choeng** an der Mündung des Mae Nam Pasak in den Mae Nam Chao Phraya ist der älteste Tempel Ayutthayas. Jeden Tag strömen zahlreiche Gläubige in das 1324 eingeweihte Heiligtum, um einer fast 20 m hohen Buddha-Statue ihre Referenz zu erweisen.

Infos

Anfahrt: Viele Veranstalter in Bangkok bieten Boot-Bus-Ausflüge nach Ayutthaya an – die Anreise erfolgt per Boot, zurück nach Bangkok geht es im Bus. Zu empfehlen ist River Sun Cruise, tgl. 7.30 Uhr vom River City Shopping Complex, Rückkehr gegen 15.30 Uhr, Tel. 02 266 91 25, www.riversuncruise.co.th, 2250 Baht, Kinder 1750 Baht. Ausflüge zur

Safrangelb gekleidet meditieren die Buddhas in den Ruinen von Ayutthaya

Ayutthaya bei Nacht: Allabendlich zwischen 19 und 21 Uhr tauchen Scheinwerfer die Tempel Wat Phra Ram, Wat Mahathat, Wat Ratchaburana und Wat Chai Watthanaram in ein magisches Licht. Am Wat Mahathat erzählt eine beeindruckende Sound-&-Light-Show die Geschichte der alten Königsstadt.

Insel Ko Kret veranstaltet Chao Phraya Express Boat Service, So 10 Uhr vom Sathorn Ferry Pier oder Maharat Ferry Pier, Rückkehr 16.30 Uhr, Tel. 02 225 30 02/3, www.chaophrayaexpressboat.com, 400 Baht, Kinder 300 Baht.

Öffnungszeiten und Eintritt:

Royal Folk Arts & Craft Center: Bang Sai, Tel. 035 36 60 91/2, Di–So 9–14.30 Uhr, 100 Baht.

Sommerresidenz der Ayutthaya-Könige in Bang Pa-In: tgl. 8–17 Uhr, 100 Baht, Zutritt nur in dezenter Kleidung, Fotografieren nur im Außenbereich erlaubt.

Ayutthaya Historical Study Center: Thanon Rotchana, Tel. 035 24 51 23, Mo–Fr 9–16.30, Sa, So u. Fei 9–17 Uhr, 100 Baht.

Chao Sam Phraya National Museum: Thanon Rotchana, Tel. 035 24 45 69, Mi–So 9–16 Uhr, 30 Baht.

Palast Chandra Kasem: Thanon U Thong, Tel. 035 25 15 86, Mi–So 9–16 Uhr, 30 Baht.

Tempel in Ayutthaya: tgl. 7.30–18.30 Uhr, 30 Baht, Kinder 10 Baht.

Ancient City und Crocodile Farm ▶ Karte 4

Eilige Thailand-Reisende können 30 km südöstlich von Bangkok in **Ancient City (Muang Boran)** innerhalb weniger Stunden die bedeutendsten Sehenswürdigkeiten des Landes besichtigen. Dort stehen maßstabsgerecht verkleinerte Repliken von über 100 Baudenkmälern aus 1500 Jahren thailändischer Geschichte. Als eine Art ›geschrumpftes Thailand‹ hat das Museum exakt die Form des Landes. Jede Sehenswürdigkeit liegt geografisch korrekt an der entsprechenden Stelle.

Man betritt die 80 ha große Anlage an der thailändisch-malaysischen Grenze. Vorbei an künstlichen Seen und aufgeschütteten Bergen erreichen Sie die Miniaturausgabe der Landeshauptstadt. Hier können Sie Modelle des Royal Grand Palace und des Königstempels Wat Phra Kaeo besichtigen. Weiter nördlich gelangt man zu Nachbildungen von Bauwerken, die im Original nicht mehr erhalten sind: zum Großen Palast und zum Königlichen Tempel der 1767 von den Burmesen zerstörten Hauptstadt Ayutthaya, nach historischen Dokumenten von Experten des Nationalmuseums rekonstruiert. Interessant sind auch das Modell eines Thai-Dorfes und ein ›schwimmender Markt‹. Souvenirläden verkaufen Kunsthandwerk und in einigen Werkstätten kann man den Handwerkern über die Schulter gucken.

In der **Samut Prakarn Crocodile Farm,** 10 km von Ancient City entfernt, leben über 100 000 Riesenechsen in allen Wachstumsstadien. Angeschlossen ist ein kleiner Zoo, in dem mehrmals täglich Crocodile Wrestling Shows und Vorführungen von Arbeitselefanten gezeigt werden.

Infos

Anfahrt: Beide Sights lassen sich am bequemsten im Rahmen einer in fast jedem Hotel oder Reisebüro in Bangkok buchbaren Tagestour besichtigen (rund 1500–2000 Baht inkl. Mittagessen). Wer selbst fahren möchte, nimmt am

Eastern Bus Terminal Ekamai den AC-Bus 511 bis zur Endhaltestelle; von dort fährt der Minibus 36 zum Eingang der Ancient City.

Öffnungszeiten und Eintritt: Ancient City, km 33 Thanon Sukhumvit, Samut Prakarn, Tel. 02 709 16 44, www.ancientcity.com, tgl. 8–17 Uhr, 500 Baht, Kinder 250 Baht, Auto 300 Baht, am Eingang können Fahrräder für 50 Baht gemietet werden.

Samut Prakarn Crocodile Farm & Zoo: 555 Thanon Taiban, Samut Prakarn, Tel. 02 703 48 91–5, tgl. 7–18 Uhr, Crocodile Wrestling Show Mo–Fr 9, 10, 11, 13, 14, 15, 16 Uhr, Sa, So auch 12, 17 Uhr, Elefanten-Show tgl. 9.30, 10.30, 11.30, 13.30, 14.30, 15.30, 16.30 Uhr, Fütterung der Krokodile tgl. 16.30–17.30 Uhr, 450 Baht, Kinder 300 Baht.

Damnoen Saduak (Floating Market) ► Karte 4

Ein Besuch des **›schwimmenden Marktes‹** 110 km westlich von Bangkok ist nichts für Langschläfer, denn schon um 6 Uhr herrscht emsiges Treiben auf dem Wassermarkt. Lange vor Sonnenaufgang machen sich Marktfrauen, die traditionell dunkelblaue Leinenblusen und breitkrempige Strohhüte tragen, mit winzigen, randvoll beladenen *sampans* auf den Weg, um ihr frisches Obst und Gemüse oder Blumen noch vor Beginn der Mittagshitze zu verkaufen. Frauen in schwimmenden Garküchen bieten Reissuppe oder gebratene Bananen zum Frühstück an.

Der beste Blick auf die malerische Szenerie bietet sich von Brücken, welche die Khlongs überspannen. Wer den Markt ›durchstreifen‹ will, kann für etwa 500 Baht ein Boot mieten. Einblicke in das thailändische Alltagsleben gewinnt man bei einer solchen Erkundungstour allerdings kaum, denn der ›schwimmende Markt‹ ist schon lange kein Geheimtipp mehr und die Touristen kommen in Scharen. Trotzdem lohnt sich der Ausflug.

Weniger besuchte ›schwimmende Märkte‹ in der Umgebung sind der **Amphawa Floating Market** (s. S. 80) und der **Tha Khu Floating Market,** die aber nur Fr–So stattfinden.

Infos

Anfahrt: Busse vom Southern Bus Terminal in Bangkok ab 6 Uhr im 20-Minuten-Takt, Fahrzeit 1,5 Std., oder organisierte Tour, oft in Verbindung mit Ausflügen zum River Kwai, nach Nakhon Pathom mit dem 115 m hohen Phra Pathom Chedi oder zum Rose Garden & Country Resort (ca. 11 Std., 4000–4500 Baht inkl. Mittagessen).

Rose Garden & Country Resort ► Karte 4

Zu der weitläufigen **Parkanlage** 30 km westlich von Bangkok gehören ein luxuriöses Resorthotel und einer der schönsten Golfplätze des Landes. Täglich um 14.45 Uhr beginnt die neunzigminütige **Cultural Show,** bei der traditionelle

Der ›schwimmende Markt‹ am Morgen: Wer den ›schwimmenden Markt‹ ohne Busladungen von Touristen erleben möchte, sollte am Vorabend anreisen, in Damnoen Saduak übernachten und den Markt frühmorgens besuchen. Manche Tourveranstalter stoppen schon einige Kilometer vor Damnoen Saduak und bieten ihren Gästen die Möglichkeit, in Boote umzusteigen.

Auf dem Amphawa Floating Market

Der Veranstalter BE Tours (Tel. 02 656 77 00, www.betours.net) hat eine Tagestour nach **Amphawa** im Programm. Darin enthalten sind ein Besuch des noch recht ursprünglichen **Amphawa Floating Market** (nur Fr–So abends), eine Bootsfahrt auf dem Mae Klong und ein Essen im Baan Amphawa Resort (ab 3750 Baht). Wer in dem idyllisch am Ufer des Mae Klong gelegenen Resort (Tel. 034 75 22 22, www.baanamphawa.com, Bungalow für 2 Pers. ab 3700 Baht) übernachtet, kann bei einer nächtlichen Bootsfahrt das Leuchten Tausender Glühwürmchen bestaunen. Eine weitere Attraktion ist der Railway Market im nahen Samut Songkhram, der auf den Eisenbahngleisen abgehalten wird. Mehrmals am Tag müssen die Marktfrauen ihre Stände für die durchfahrenden Züge zur Seite räumen.

Tänze, Thai-Boxen und Hahnenkampf, Arbeitselefanten im Einsatz und Handwerkskünste gezeigt werden. Im nahen **Samphran Elephant Ground & Zoo** wird neben Elefantendressuren eine Crocodile Show geboten.

Infos

Anfahrt: Busse vom Southern Bus Terminal in Bangkok, Fahrzeit ca. 1,5 Std., oder organisierte Tour über Reisebüros oft in Verbindung mit einem Besuch des Damnoen Saduak Floating Market (ca. 9 Std., rund 2000–2500 Baht).

Öffnungszeiten und Eintritt:

Rose Garden: km 32 Petchkasem Highway, Tel. 034 32 25 44, www.rosegardenriverside.com, tgl. 8–18 Uhr, 600 Baht, Kinder 400 Baht.

Samphran Elephant Ground & Zoo: km 32 Petchkasem Highway, Tel. 034 31 19 71, www.elephantshow.com, tgl. 8.30–17.30 Uhr, Elephant Show tgl. 13.45, 15.30 Uhr, Crocodile Show tgl. 12.45, 14.20 Uhr, 600 Baht, Kinder unter 130 cm 350 Baht.

Buffalo Village ► Karte 4

In dem **Themenpark** 110 km nordwestlich von Bangkok dreht sich alles um ein anspruchsloses, arbeitsames Tier, das trotz Technisierung heute noch unentbehrlich für das kleinbäuerliche Agrarwesen ist – den Wasserbüffel (thail.: *khwai*). Trainer zeigen mit rund 100 Tieren, wie die ›thailändischen Traktoren‹ in der Landwirtschaft eingesetzt werden. Zum Vergnügen der Besucher finden Wasserbüffelrennen statt. Wer Lust hat, kann auf dem Rücken eines dieser stattlichen Tiere mit Furcht einflößendem Gehörn einen Ausritt unternehmen.

Beim Rundgang durch die Anlage lernen Besucher ein typisches **Thai-Bauerndorf** kennen. Weitere Attraktionen sind ein Schmetterlings-, Kräuter- und Orchideengarten sowie ein stattliches Teakgebäude, das als Restaurant dient.

Infos

Anfahrt: Busse fahren stdl. ab Northern Bus Terminal in Bangkok, Fahrzeit ca. 2 Std., oder organisierte Tour über Reisebüros (ca. 9 Std., um 3500 Baht).

Öffnungszeiten und Eintritt: Buffalo Village, Suphanburi, Tel. 03 558 16 68, www.buffalovillages.com, Mo–Fr 9–18, Sa, So 9.30–18.30 Uhr, Buffalo Show Mo–Fr 11, 16.30 Uhr, Sa, So 10.30, 14, 16 Uhr, 450 Baht.

Pattaya ► Karte 4

Der etwa 100 000 Einwohner zählende **Badeort** 150 km östlich von Bangkok am Golf von Thailand galt einst als ›Sündenbabel‹. Sein schlechtes Renommee ging auf die Zeiten des Vietnam-Kriegs zurück, als die US-Armee Bataillone von GIs zur *rest and recreation* vom Kriegsschauplatz an den feinsandigen **Pattaya Beach** verfrachtete. Das Fischerdorf entwickelte sich mit seinen Nachtclubs, Bars und Massagesalons zum Synonym für das ›Sexparadies‹ Thailand.

Auch heute ist Pattaya alles andere als ein ruhiges Familienbad. Hunderttausende von Touristen stürzen sich jährlich auf der Suche nach erotischen Abenteuern in das neonglitzernde Nachtleben der ›Reeperbahn unter Palmen‹. Aber das vielfältige Unterhaltungsangebot von Pattaya ist nicht ausschließlich auf alleinreisende Männer zugeschnitten. Die Stadtverwaltung hat in den letzten Jahren große Anstrengungen unternommen, die schlimmsten Auswüchse des Sextourismus einzudämmen. Viel wurde auch getan, um das Problem der Umweltverschmutzung in den Griff zu bekommen. Eine Ringkanalisation und Kläranlagen sorgen dafür, dass man – zumindest an den Stränden nördlich und südlich von Zentral-Pattaya – im früher arg verschmutzten Meer wieder bedenkenlos baden und schwimmen kann. Am ruhigsten und für Familien mit Kindern am besten geeignet ist die Gegend um den **Jomtien Beach,** 3 km südlich des Ortes.

Pattaya lockt mit einem breit gefächerten Freizeitangebot, zu dem alle Arten von Wassersport, Fallschirmsegeln, Golf, Reiten und Tennis gehören. Für Abwechslung zum Strandleben sorgen weiterhin mehrere Go-Kart-Bahnen, Fitness-Center, Schieß- und Kegelbahnen. Wagemutige können sich von einem 40 m hohen Bungee-Jumping-Turm an

An den Stränden von Pattaya erholen sich Touristen und Thais gleichermaßen

Anders als in Bangkok sind Elefanten in den Straßen von Pattaya keine Seltenheit

einem Gummiseil in die Tiefe stürzen. Überall im Stadtzentrum findet man seriöse Massagesalons, die traditionelle Heilmassagen, Fußreflexzonen- und Rücken- oder Gesichtsmassagen anbieten. Überdies ist Pattaya ein Paradies für Shopper und Schlemmer. Die **Beach Road** mit der schönen Promenade wird gesäumt von Boutiquen, Maßschneidereien, Souvenirläden sowie Restaurants, in denen man kulinarische Streifzüge durch beinahe alle Küchen der Welt machen kann.

Das Zentrum des Nachtlebens befindet sich in Süd-Pattaya, wo sich an der **Walking Street** Go-go-Bars und Bierkneipen konzentrieren. Doch wird auch anspruchsvolle Unterhaltung geboten. So ist Pattaya bekannt für Transvestiten-Kabaretts von Weltniveau, wie etwa das **Alcazar** oder **Tiffany.** Kuriositäten und optische Täuschungen sind im **Museum Ripley's – Believe it or not** zu bestaunen. Ein behaarter Fisch, ein dreibeiniges Pferd, der mit 2,72 m größte Mann der Welt – »glaub' es oder glaub' es nicht«.

Auf einer Landzunge im nördlich an Pattaya grenzenden **Naklua** thront das **Sanctuary of Truth,** das größte aus tropischem Edelholz errichtete Bauwerk der Welt. Den Palast überziehen Holzschnitzereien mit Motiven aus der hinduistisch-buddhistischen Mythologie und der thailändischen Sagenwelt. Publikumsmagneten des Meerwasser-Aquariums **Underwater World,** etwas südlich des Zentrums, sind die

Shark Shows, bei denen Haie von Tauchern gefüttert werden.

Zum Sightseeingprogramm vieler Touristen gehören das nördlich von Pattaya gelegene **Mini Siam** mit Thailands berühmtesten Bauwerken als Miniaturen und das **Nong Nooch Village** 18 km südlich der Stadt, wo in einem gepflegten Tropengarten mehrmals täglich eine Thai Cultural Show über die Bühne geht.

7 km östlich von Pattaya demonstrieren im **Elephant Village** ehemalige Arbeitselefanten ihr Können. Wer möchte, kann nach der Show auf dem Rücken eines Dickhäuters die Umgebung erkunden. Ebenfalls östlich der Stadt liegt der **Million Years Stone Park,** ein Landschaftsgarten mit bizarren Natursteinskulpturen. Angeschlossen ist ein kleiner **Zoo** mit Tigern und Elefanten sowie die **Pattaya Crocodile Farm.** Indochinesische Tiger und bengalische Königstiger sind die Stars des **Si Racha Tiger Zoos** nördlich von Pattaya. Zum Entertainment gehören auch hier Tier-Shows.

Zu den beliebtesten Ausflugszielen um Pattaya zählen vorgelagerte Inseln wie z. B. **Ko Larn, Ko Phai** und **Ko Sak.**

Infos

Im Internet: www.pattaya-thailand.de (informative private Website).

Anfahrt: Tagsüber alle 30 Min. Busse vom Eastern Bus Terminal Ekamai in Bangkok, Fahrzeit etwa 2,5 Std. Zahlreiche Reisebüros und Hotels bieten Transfers in komfortablen Mini-Bussen an. Eine Taxifahrt von Bangkok nach Pattaya kostet etwa 1500–2000 Baht, vom Suvarnabhumi Airport nach Pattaya etwa 1200–1400 Baht.

Öffnungszeiten und Eintritt:

Alcazar: 78/14 Pattaya Second Rd., Tel. 038 41 02 25, www.alcazarpattaya.com, tgl. 18.30, 20, 21.30 Uhr, 700–900 Baht.

Tiffany: 464 Pattaya Second Rd., Tel. 038 42 17 00 5, www.tiffany-show.co.th, tgl. 18, 19.30, 21 Uhr, 700–900 Baht.

Ripley's – Believe it or not: Royal Garden Plaza, Beach Rd., Tel. 038 71 02 94, www.ripleysthailand.com, tgl. 11–23 Uhr, 520 Baht, Kinder 420 Baht.

Sanctuary of Truth: 206/2 Moo 5, Naklua, Tel. 038 36 72 29, www.sanctuaryoftruth.com, tgl. 8–17 Uhr, 600 Baht, Kinder 300 Baht.

Underwater World: Thanon Sukhumvit, Tel. 038 75 68 79, www.underwaterworldpattaya.com, tgl. 9–18 Uhr, 500 Baht, Kinder 300 Baht.

Mini Siam: 387 Soi 6, Thanon Sukhumvit, Tel. 038 72 73 33, www.minisiam.com, tgl. 9–18 Uhr, 350 Baht.

Nong Nooch Village: 34/1 Moo 7, Najomtien, Sattahip, Tel. 038 70 93 58, www.nongnoochtropicalgarden.com, tgl. 8–18 Uhr, Thai Culture Shows: tgl. 9.45, 10.45, 15, 16 Uhr, 450 Baht.

Elephant Village: 48/120 Moo 7, Tambon Nong Prue, Tel. 038 24 98 18, www.elephant-village-pattaya.com, 650 Baht.

Million Years Stone Park: 22/1 Moo 1, Nong Plalai, Tel. 038 24 93 47, www.thaistonepark.org, tgl. 8.30–19 Uhr, 450 Baht, Kinder 250 Baht.

Si Racha Tiger Zoo: 341 Moo 3, Nongkham, www.tigerzoo.com, tgl. 9–18 Uhr, mehrmals tgl. Vorführungen, 450 Baht, Kinder 100–140 cm 250 Baht.

Unterkunft:

Sabai Lodge: 380 Soi 2, Pattaya Second Rd., Tel. 038 36 18 36 8, www.sabailodge.com, DZ 1250–2950 Baht. Ruhig gelegen, 200 m zum Strand, gut geführt, mit komfortablen Zimmern und schönem Pool – eine Oase inmitten der quirligen City.

Zu Gast in Bangkok

»Wann essen wir?« – Eine Frage, mit der Thailänder wenig anfangen können. Immer! Die Thais sind ein Volk, dessen eine Hälfte kocht, während die andere isst – oder doch zumindest übers Essen redet. Kein Wunder also, dass es überall verführerisch und verlockend duftet, dass an jeder Ecke gekocht, gebraten, flambiert, frittiert und gegrillt wird.

Übernachten

Hotels und Gästehäuser

Bangkok bietet Übernachtungsmöglichkeiten für jeden Geldbeutel, das Matrazenlager im spartanischen Schlafsaal einer Travellerbleibe für weniger als 100 Baht ebenso wie die Royal Suite in einem 5-Sterne-Hotel zu 100 000 Baht. Die Häuser der gehobenen Kategorien entsprechen internationalem Standard. Aber auch einfachere Hotels und Pensionen bieten ordentliche Zimmer mit Klimaanlage und privatem Bad/WC sowie Telefon und meist auch TV.

Häuser mit Atmosphäre und Aussicht

In den letzten Jahren hat man einige alte Villen und schmucke Kolonialhäuser am Ufer des Mae Nam Chao Phraya in stilvolle Boutiquehotels verwandelt. Dazu gehören etwa New Siam Riverside Guest House, Arun Residence und Ibrik Resort by the River. Die Toplage am Fluss und das Ambiente haben jedoch ihren Preis – unter 3000 Baht ist ein DZ mit Flussblick kaum zu haben.

Preise und Rabatte

Die angegebenen Preise gelten für eine Übernachtung im Doppelzimmer ohne Frühstück in der Hauptsaison von November bis Februar. Einzelzimmer werden in Bangkok kaum angeboten. Alleinreisende zahlen für Doppelzimmer aber meist einen günstigeren Preis. Zu den Übernachtungspreisen kommen in besseren Häusern 10 % *service charge* und 11 % *government tax* hinzu. Aufschläge werden auch in der Spitzensaison, etwa um Weihnachten und Neujahr, erhoben. Im Allgemeinen gestalten Hotels der gehobenen Kategorien ihre Preise flexibel nach Marktlage. Viele Hotels bieten Internettarife, die unter den *published rates* liegen. Noch günstigere Tarife erhält man teilsweise über Internetagenturen oder Reisebüros.

Der richtige Standort

Das Hotel am falschen Platz kann in einer weitläufigen Stadt wie Bangkok, die unter chronischem Verkehrschaos leidet, zu viel Ärger führen. Von großem Vorteil ist es, wenn die Unterkunft in der Nähe einer Sky-Train- oder Subway-Station liegt. Für Einkaufsbummel, gutes Essen und ein vielfältiges Nachtleben empfehlen sich Unterkünfte an der Thanon Sukhumvit und Thanon Silom. Wer in erster Linie Interesse an kulturellen Sehenswürdigkeiten hat, sollte sein Quartier in der Altstadt oder nahe dem Mae Nam Chao Phraya suchen.

Internetagenturen

www.hotelthailand.com: auch sehr preiswerte Häuser.
www.sawasdee.com: Hotels aller Kategorien in Bangkok und außerhalb.
www.asiarooms.com: Hotels aller Kategorien, auch Budget-Unterkünfte.
www.agoda.com: Tarife und Rabatte von Hotels der mittleren und gehobenen Kategorien.

Günstig und nett

Charmantes Haus im Retro-Look – **Atlanta Hotel: ■ K 6,** 78 Soi 2, Thanon Sukhumvit, Tel. 02 252 60 69, www.theatlantahotelbangkok.com, Sky Train: Station Nana, DZ 700–1700 Baht. 1952 eröffnetes Haus mit dem Flair vergangener Tage – ob hoffnungslos verstaubt oder charmant ›retro‹ ist Ansichtssache. Einfache, aber geräumige Zimmer mit Klimaanlage oder Deckenventilator. Üppiger Tropengarten mit Pool und Kinderplanschbecken. Das holzvertäfelte Restaurant, in dem abends Bebop-, Swing- und Blues-Töne erklingen, diente wiederholt als Filmkulisse. Das Management weist ausdrücklich darauf hin, dass Sextouristen, Krachmacher und Drogenkonsumenten im Atlanta unerwünscht sind.

Boutiquehotel im Backpacker-Viertel – **Buddy Lodge: ■ D 3,** 265 Thanon Khao San, Banglamphoo, Tel. 02 629 44 77, www.buddylodge.com, Expressboot bis Phra Arthit Ferry Pier, DZ 1750–2600 Baht. Eine gute Adresse für all jene, die sich dem Backpacker-Alter entwachsen fühlen und dennoch nicht auf die Khao San Road verzichten möchten. Das Boutiquehotel mit bestens ausgestatteten Zimmern befindet sich in einem großen Gebäudekomplex mit Shopping Center, Reiseagenturen und guten Restaurants. Entspannen kann man am Pool oder bei Live-Blues in der Brick Bar (s. S. 108).

Etwas altmodisch, aber gepflegt – **Federal Hotel: ■ L 5,** 27 Soi 11, Thanon Sukhumvit, Tel. 02 253 01 75, www.federalbangkok.com, Sky Train: Station Nana, DZ 1300–1500 Baht (inkl. Frühstück). »Your home away from home« – die Eigenwerbung ist nicht übertrieben: Das Personal ist freundlich, die klimatisierten Zimmer sind behaglich, der von Tropengrün umgebene Pool wirkt wie eine kleine Oase, im Coffee Shop serviert man ausgezeichnete Thai-Gerichte, das hoteleigene Reisebüro Pacific Horizon Travel organisiert Stadtrundfahrten und Ausflüge. Beliebt bei Familien mit Kindern. Zu empfehlen sind die Zimmer 118–130 im Erdgeschoss – von dort haben die Kids den kürzesten Weg zum Pool.

Toplage am Fluss – **New Siam Riverside Guest House: ■ C 3,** 21 Thanon Phra Arthit, Banglamphoo, Tel. 02 629 35 35, www.newsiam.net, Expressboot bis Phra Arthit Ferry Pier, DZ 1390–2690 Baht, Familienzimmer 3590 Baht. Eher Hotel als Gästehaus, mit 106 hellen und behaglich möblierten AC-Zimmern auf sechs Stockwerken, am schönsten sind die Superior Riverview Rooms mit Balkon und Flussblick im 6. Stock. Terrassenrestaurant mit thailändischen und europäischen Gerichten und ein kleiner Pool.

Modernes Kleinhotel – **Stable Lodge: ■ L 5/6,** 39 Soi 8, Thanon Sukhumvit, Tel. 02 653 00 17-9, www.stablelodge.com, Sky Train: Station Nana, DZ 1495–1815 Baht. Das Haus im Herzen des Sukhumvit-Viertels bietet 41 eher kleine, aber zweckmäßig und gemütlich ausgestattete, klimatisierte Zimmer mit Balkon sowie einen von tropischen Pflanzen umgebenen Pool.

Gay friendly – **Tarntawan Place Hotel: ■ Karte 2, H 7,** 119/5–10 Thanon Surawong, Bangrak, Tel. 02 238 26 20, www.tarntawan.com, Sky Train: Station Sala Daeng, DZ 2900–3400 Baht (inkl. Frühstück). Das angenehme, bei Gays beliebte Mittelklassehotel in zentraler, aber ruhiger Lage bietet 75 geschmackvolle Zimmer mit allen Annehmlichkeiten sowie ein in Bambus möbliertes Restaurant mit Bar. Gäste können kostenlos ein nahes Fitnesscenter mit Pool benutzen. Im Haus funktioniert WLAN.

Ideal für Kulturinteressierte – **Viengtai Hotel:** ■ **D 3,** 42 Thanon Ram Butri, Banglamphoo. Tel. 02 280 54 34-45, www.viengtai.co.th, Expressboot bis Phra Arthit Ferry Pier, DZ inkl. Frühstück 2200–3000 Baht. Nationalmuseum, Wat Phra Kaeo und Grand Palace sind nur wenige Gehminuten entfernt. Zur Abkühlung nach dem Sightseeing gibt es einen Swimmingpool. Die 200 Zimmer sind in freundlichen Tönen gehalten. Im Hotelrestaurant gibt es schmackhafte thailändische und internationale Gerichte.

Stilvoll wohnen

Erstes Haus am Platz – **The Oriental:** ■ **F 7,** s. S. 57.

Beste Lage, bester Blick – **Arun Residence:** ■ **C 5,** 36-38 Soi Pratu Nokyong, Thanon Mahathat, Tel. 02 221 91 58/9, www.arunresidence.com, Expressboot bis Tha Thien Ferry Pier, DZ 400–5800 Baht. Einen Tag in Bangkok kann man kaum schöner beginnen als bei einem Frühstück auf der Terrasse dieses Boutiquehotels am Mae Nam Chao Phraya direkt gegenüber vom Wat Arun. Das heimelige, dreistöckige Haus im sino-portugiesen Stil hat 7 bestens ausgestattete Zimmer. Tipp: die Arun Suite mit privater Dachterrasse.

Kreativer Stilmix – **Dream Bangkok:** ■ **L 5,** 10 Soi 15, Thanon Sukhumvit, Tel. 02 254 85 00, www.dreambkk.com, Sky Train: Station Nana oder Asoke, DZ 2500–5000 Baht. Das beinahe schon surreal wirkende Boutiquehotel präsentiert sich in einem Mix aus ultramodernem Design und Retrochic der 1960er- und 1970er-Jahre. Die Zimmer sind in – angeblich schlafförderndes – blaues Licht getaucht. ›It's your dream,

Das luxuriöse Shangri-La bietet eine herrliche Aussicht auf den Fluss

we just provide the room service‹ lautet das Hausmotto.

Dachterrasse mit Pool – **Furama Silom: ■ Karte 2, G 7,** 533 Thanon Silom, Bangrak, Tel. 02 688 68 88, www.furama.com/silom, Sky Train: Station Chong Nonsi, DZ 2000–4700 Baht. Der Clou dieses soliden Stadthotels ist die Dachterrasse im 19. Stock. Weit weg vom Straßenlärm entspannt man sich dort am Pool oder genießt beim Rundumblick einen Sundowner. Alle Zimmer und Apartments sind großzügig ausgestattet. Sportiven steht ein Fitnesscenter zur Verfügung. Nahe dem Amüsierviertel in der Patpong.

Tolle Lage am Fluss – **Ibrik Resort by the River: ■ B/C 4,** 256 Soi Wat Rakhang, Thanon Arun Amarin, Bangkok Noi, Tel. 02 848 92 20, www.ibrikresort.com, Expressboot bis Wang Lang (Sirirat) Ferry Pier, DZ 4000 Baht (inkl. Frühstück). Das mit nur 3 Zimmern wohl kleinste Resort Thailands liegt am westlichen Ufer des Mae Nam Chao Phraya in Thonburi gegenüber dem Grand Palace. Vom River Room und Sunshine Room, beide mit Terrasse, ist das Treiben auf dem Strom zum Greifen nahe, vom Moonlight Room blickt man in einen Tropengarten. In der Nähe liegen gute Restaurants wie das Supatra River House, Krua Rakhang Thong, Chuan Aroy und Wang Lang (s. S. 43). Hier muss man unbedingt rechtzeitig reservieren!

Freundlich und trendy – **Seven: ■ M 6,** 3/15 Sawasdee 1, Soi 31, Thanon Sukhumvit, Tel. 02 662 09 51, www.sleepatseven.com, Sky Train: Station Asoke, DZ ab 2990 Baht (inkl. Frühstück). Boutiquehotel in einem stilvoll restaurierten ehemaligen *shophouse*. Jedes der sechs individuell gestalteten AC-Zimmer ist in einer anderen Farbe gestrichen, basierend auf einer alten thailändischen Farbsymbolik, nach der jeder Wochentag einem bestimmten Farbton zugehört. Bitte rechtzeitig reservieren!

Hippes Design-Hotel – **Siam@Siam: ■ G 4,** 865 Thanon Rama I, Pathumwan, Tel. 02 217 30 00, www.siamatsiam.com, Sky Train: Station National Stadium, DZ 5700–7300 Baht. Die im minimalistischen Zen-Stil mit Möbeln in klaren, glatten Formen eingerichteten Zimmer des Design-Hotels nahe dem Siam Square sind in Braun und Orange gehalten. Mit Wellnesscenter, Pool und Restaurant auf der Dachterrasse.

Mit dem Flair alter Zeiten – **The Siam Heritage: ■ Karte 2, H 7,** 115/1 Thanon Surawong, Bangrak, Tel. 02 353 61 66, www.thesiamheritage.com, Sky Train: Station Sala Daeng, DZ 2600–8200 Baht. In den stilvoll in tropischem Edelholz möblierten, mit viel Liebe zum Detail ausgestatteten 73 Zimmern dieses bezaubernden Hotels fühlt man sich in das alte Königreich Siam zurückversetzt. Hervorragendes Restaurant, Spa und Fitnesscenter, Pool. Wer kleine, individuelle Hotels Bettenburgen vorzieht, der ist hier an der richtigen Adresse.

Extravagantes Hideaway – **The Sukhothai: ■ J 7,** 13/3 Thanon Sathorn Tai, Sathorn, Tel. 02 344 88 88, www.sukhothai.com, Sky Train: Station Chong Nonsi, DZ ab 8500 Baht. 5-Sterne-Hotel in einer Melange aus thailändischer Sakralarchitektur und 1990er-Jahre-Minimalismus mit bis ins kleinste Detail luxuriös ausgestatteten Zimmern. Mit schönem Pool und edlem Spa, bekannt für seine Gourmet-Restaurants wie das Celadon.

Essen und Trinken

Wie im Schlaraffenland

Die Bangkoker gehen immer und überall essen, denn in der Stadt wird immer und überall gebraten, gegrillt und gekocht – schmackhaft, sauber und preiswert an jeder Ecke. In seiner mobilen Küche hat ein Koch gerade gebratenen Reis (*khaao phat*) in Arbeit. Mit flinken Händen klaubt er die Zutaten aus einem Dutzend Eimerchen und wirft sie in einen von Flammen umtosten Wok. Legionen solcher Straßenköche, die auf kleinstem Raum und mit einfachsten Mitteln köstliche Gerichte zaubern, sowie unzählige bodenständige Straßenlokale und elegante Restaurants beweisen, wie wichtig den Thais das Essen ist.

Soziales Happening

Pai gin khaao heißt »Lasst uns essen gehen« auf Thailändisch. Doch mit bloßer Kalorienaufnahme oder Hungerstillen hat es nichts zu tun. *Pai gin khaao* bedeutet mehr: auf Entdeckungsreise gehen, das angesagteste Trend-Restaurant ausprobieren oder das kleine versteckte Lokal am Fluss. *Pai gin khaao* ist Hauptthema des Bürotratsches. Als eine Möglichkeit zur Kommunikation und Pflege der gesellschaftlichen Harmonie ist Essen ein enorm wichtiger Aspekt des sozialen Lebens, den man jeden Tag so oft wie möglich zelebriert.

Köstlich und gesund

Obwohl die Thais dafür bekannt sind, dass sie gern essen, sind sie meist schlank und zierlich. »Wie machen die das nur?«, fragen sich kalorienbewusste Besucher aus Europa. Ganz einfach. Thais ziehen viele kleine Leckerbissen wenigen opulenten Mahlzeiten vor. Und statt viel fettes Fleisch aufzutischen, essen sie reichlich Gemüse und Geflügel sowie Fisch und anderes Meeresgetier. Außerdem verwenden sie raffinierte Gewürze, die nicht nur dem Wohlgeschmack dienen, sondern auch die Gesundheit fördern. Wo immer man in Bangkok geht und steht, überall liegt eine charakteristische Duftmischung aus Gewürzen und Kräutern in der Luft, eine unwiderstehliche Mixtur aus Basilikum, Chili, Ingwer, Koriander, Minze und Zitronengras sowie *naam plaa*, einer Sauce aus fermentiertem Fisch, die anstelle von Salz verwendet wird.

Vielfältig, aber harmonisch

Kenner preisen die Thai-Küche als eine der besten der Welt. Sie ist abwechslungsreicher als jede andere und keineswegs immer so höllisch scharf, wie es die Nationalsuppe *tom yam gung* (sauer-scharfe Garnelensuppe) vermuten lässt. Trifft man sich in großer Runde zum Essen, kommen möglichst viele verschiedene Köstlichkeiten gleichzeitig auf den Tisch und jeder nimmt sich, worauf er gerade Appetit hat. Aber wie immer wird auch hier der Harmonie Rechnung getragen: Zu jedem scharfen Gericht wird ein mildes, zu jedem süßen ein saures, zu jedem gebratenen ein gedünstetes gewählt. Ein typisches Menü mit vielen Beilagen wäre unvollständig ohne ein Curry. Dieses wird in Thailand mit viel Kokosmilch zubereitet. Anders als bei uns isst man Suppen nicht als Vorspeise, sondern gleichzeitig mit den Hauptgerichten. Thai-Gerichte isst man übrigens mit dem Löffel in der rechten und der Gabel in der linken Hand, zu Stäbchen greift man nur bei Nudelsuppen und chinesischen Gerichten.

Innovativ oder traditionell?

Aufgeschlossen für Einflüsse von außen und nach dem Motto »Make it Thai«, kreierten in den letzten Jahren innovative thailändische Küchenchefs die *thai style nouvelle cuisine,* in der sich die Aromen der leichten Thai-Küche mit anderen großen Küchen zu einer ideenreichen Crossover-Küche vermengen. Dieser experimentierfreudigen Küche steht die traditionelle *royal thai cuisine* gegenüber, die auf wunderbaren, uralten, immer wieder kreativ verfeinerten Rezepten beruht. Gemeinsam ist ihnen eines: Die Menschen verbinden Kochen und Essen immer mit *sanuk* – Spaß.

Preise

Gut essen ist in Bangkok nicht teuer. Eine Schüssel Nudelsuppe kostet in einem einfachen Lokal ab 50 Cent. In einem mittleren Restaurant bekommt man ein Gericht ab 1,5–2 €. Selbst ein mehrgängiges Abendessen in einem gehobenen Restaurant kostet inklusive Getränken kaum mehr als 20–25 €.

Restaurantmeilen

In den folgenden Straßen finden sich zahlreiche Restaurants für eine kulinarische Entdeckungsreise: Siam Square, Thanon Silom und Thanon Sukhumvit. Restaurant-Guide: www.chicasia.com.

Cafés

Snack-Stop – **Angelina: ■ K 5,** 3F Central Chidlom Department Store, Thanon Ploenchit, Pathumwan, Tel. 02 793 77 93, Sky Train: Station Chit Lom, tgl. 10–22 Uhr, Gerichte 140–320 Baht. Idealer Platz, um den Einkaufsbummel um den Siam Square zu unterbrechen. Exquisite Kaffeesorten und leckere Sandwiches.

Beliebt bei Frankophilen – **Crêpes & Co: ■ L 6,** 18/1 Soi 12, Thanon Sukhumvit, Tel. 02 653 39 90, www.crepesnco.com, Sky Train: Station Asoke, tgl. 9–24 Uhr, Gerichte 120–280 Baht. Hervorragende Crêpes und fantasievoller All-day-Brunch im französischen Stil.

Genießen und Gutes tun – **Phu Fah Café: ■ H 5,** s. S. 62.

Blick auf den Wat Arun – **Vivi – The Coffee Place: ■ C 5,** s. S. 39.

Gourmet-Lokale

Geheimtipp – **Banana House: ■ Karte 2, H 7,** Duangtip Bldg., 68/1 Thanon Silom, Bangrak, Tel. 02 234 99 67, Sky Train: Station Sala Daeng, Mo–Sa 10–22 Uhr, So geschlossen, Gerichte 100–280 Baht. Nur ein kleines Schild weist den Weg zu diesem Lokal. Die Ausstattung ist denkbar schlicht, aber der Küchenchef schafft mit viel kulinarischem Sachverstand z. T. recht außergewöhnliche Thai-Gerichte.

Mit Kultstatus – **Chote Chitr: ■ D 4,** 146 Phraeng Phuton, Thanon Tanao, Phra Nakhon, Tel. 02 221 40 82, AC-Bus 503, 508, 512 bis Sanam Luang, Mo–Sa 11–21 Uhr, So geschlossen, Gerichte 80–260 Baht. Man sollte sich nicht von dem bescheidenen Ambiente abschrecken lassen, denn in dem kleinen *raan aahaan* wird gastronomische Spitzenleistung geboten. Die Frau des ersten Besitzers arbeitete einst als Köchin am Königshof und hat ihren Kindern zahlreiche Küchengeheimnisse vererbt. Die Speisekarte umfasst über 400 Gerichte. Einige Probiertipps: *mie krob* (knusprige Nudeln), *hormock* (Fischcurry im Bananenblatt), *muu kassin* (gebratenes Schweinefleisch mit Kukumber) oder *yam hua plee* (Bananenblüten-Salat mit Garnelen). Ausgesprochen wird der Name des Lokals übrigens *tschoot tschit.*

Beliebt bei Royals – **Eat me: ■ Karte 2, H 7,** 1/6 Soi Phiphat 2, Thanon Convent, Bangrak, Tel. 02 238 09 31, www.eatmerestaurant.com, Sky Train: Station Sala Daeng, tgl. 15–1 Uhr, Gerichte 250–600 Baht. Auf der Karte des minimalistisch gestylten Lokals, in dem ab und zu Kronprinzessin Maha Chakri Sirindhorn mit Gefolge diniert, findet sich ein internationaler Mix aus asiatischen und mediterranen Gerichten. Regelmäßig Ausstellungen thailändischer und internationaler Fotografen.

Thai, indisch, japanisch – **Face: ■ östl. M 7,** 29 Soi 38, Thanon Sukhumvit, Tel. 02 713 60 48, www.facebars.com, Sky Train: Station Thong Lo, Mo–Fr 18.30–22, Sa, So 18.30–23 Uhr, Menü 800–2200 Baht. Sechs miteinander verbundene Holzhäuser im traditionellen Thai-Stil beherbergen unterschiedliche Restaurants. Feine Thai-Küche wird im Haus ›Lan Na Thai‹ serviert, nordindische Speisen im ›Hazara‹, japanische Gerichte im ›Misaki‹.

Beste indische Küche – **Himali Cha Cha: ■ Karte 2, F 7,** Soi 47/1, Thanon Charoen Krung, Bangrak, Tel. 02 235 15 69, www.himalichacha.com, Sky Train: Station Saphan Taksin, tgl. 11–15.30, 18–22.30 Uhr, Gerichte 165–350 Baht. Eines der bekanntesten indischen Restaurants der Stadt. Gegründet von Khun Cha Cha, der 20 Jahre lang für indische Botschaften in aller Welt kochte, und dem australischen Fotografen John Everingham. Delikat sind Lamm und Hähnchen aus dem Tandoori-Ofen.

Gaumenfreuden im Rotlichtviertel – **Le Bouchon: ■ Karte 2, H 7,** s. S. 70.

Vor dem Panorama des Chao Phraya – **Salathip: ■ Karte 2, F 8,** Shangri-La Hotel, 89 Soi Wat Suan Plu, Thanon Charoen Krung, Bangrak, Tel. 02 236 99 52, www.bangkokriversidedining.com,

Paradies für Hungrige auf Budget-Niveau

Hungrige mit knappem Budget zieht es in die **Food Courts** in überdachten Märkten oder Einkaufszentren. Dort drängen sich oft mehr als 100 Essensstände, die einen bunten Querschnitt durch die Küchen Asiens bieten. Für wenig Geld (Gerichte 50–100 Baht) erhält man hier frisch zubereitet alles, was der Gaumen begehrt. Bezahlt wird mit Coupons, die man an einer Kasse kauft. Übrig gebliebene Coupons kann man zurückgeben. Hervorragende Food Courts gibt es u. a. im **Mah Boon Krong Shopping Complex** (**■ H 5,** Thanon Phayathai, Pathumwan, www.thefifthfood.com) und in der **Central Chit Lom Shopping Mall** (**■ K 5,** Thanon Ploenchit, Pathumwan, www.central.co.th). Öffnungszeiten in der Regel tgl. 10–21 Uhr.

Überall in den Straßen und Khlongs der Hauptstadt locken Garküchen mit ihren frischen und abwechslungsreichen Gerichten

Sky Train: Station Saphan Taksin, tgl. 17.30–22.30 Uhr, Menü 1800–2200 Baht. In diesem Terrassenrestaurant stimmt alles: angenehmes Ambiente, aufmerksamer Service, ein 5-Sterne-Blick über den Fluss und natürlich die kulinarischen Kreationen von Tussanee Putkaew, die als eine der besten Köchinnen Thailands gilt.

Dinner with a view – **Supatra River House: ■ B/C 4,** 266 Soi Wat Rakhang, Thanon Arun Amarin, Bangkok Noi, Tel. 02 411 03 05, www.supatrariverhouse.net, restauranteigenes Boot ab Tha Maharat Ferry Pier, tgl. 11.30–14.30, 17.30–23 Uhr, Menü 1200–1400 Baht. Das Restaurant in einem Thai-Holzhaus am Thonburi-Ufer des Mae Nam Chao Phraya bietet klassische Thai-Küche auf höchstem Niveau. Herrlicher Blick über den Fluss.

Gut und günstig

Kohl und Kondome – **Cabbages & Condoms: ■ L 6,** 10 Soi 12, Thanon Sukhumvit, Tel. 02 229 46 10, www.pda.or.th/restaurant, Sky Train: Station Asoke, tgl. 11–22 Uhr, Gerichte 100–450 Baht. Das Lokal mit dem merkwürdigen Namen, in dem man hervorragende Thai-Gerichte im Garten oder klimatisierten Innenraum serviert, steht unter der Leitung einer Familienplanungsorganisation. Die Erlöse kommen Programmen zur Empfängnisverhütung und Aids-Vorsorge zugute. Zur Rechnung gibt es kostenlos Kondome.

Essen mit Flussblick – **Chuan Aroy: ■ B/C 3,** s. S. 43.

Das asiatische Fondue – **Coca Suki Restaurant: ■ H 5 und Karte 2, H 7,** Siam Square/Thanon Henry Dunant, Pathumwan, Tel. 02 251 35 38, Sky Train: Central Station (Siam), und 8 Soi Tantawan, Thanon Surawong, Bangrak, Tel. 02 236 93 23, www.coca.com, Sky Train: Station Sala Daeng, beide Lokale tgl. 11–24 Uhr, Menü 300–600 Baht. Das aus Japan übernommene Sukiyaki oder Steamboat ist bei vielen Thais sehr beliebt. In gasbefeuerten Fondue-Töpfen mit einer heißen Fleisch-Gemüse-Brühe gart man Fischbällchen, Fischfilet-

Stückchen, gefüllten Tintenfisch, Scheiben von Truthahnfilet und viele andere Leckereien.

Currys, Currys, Currys – **Curries & More: ■ östl. M 6/7,** 31 Soi 55, Thanon Sukhumvit, Tel. 02 259 85 30-3, www.curriesandmore.com, Sky Train: Station Thong Lo, tgl. 11–23 Uhr, Gerichte 180–480 Baht. Hier wird ein Grundnahrungsmittel der Thais in fantasievollen Variationen serviert – Curry auf Reis.

Nordindische Küche – **Punjabi Dhaba und Royal India: ■ D 5,** s. S. 51.

›Königlich‹ speisen zum Schnäppchenpreis – **Royal Thai Navy Club: ■ C 4,** s. S. 31.

Für sensible Zungen – **Ta-Ling-Pling: ■ Karte 2, G 7/8,** 60 Thanon Pan, Bangrak, Tel. 02 236 48 30, Sky Train: Station Chong Nonsi, tgl. 11–22.30 Uhr, Set-Menü 350–650 Baht. Der ›freche Lümmel‹ ist ein charmantes, modernes Lokal mit Thai-Gerichten, die westliche Geschmacksnerven nicht durch übermäßigen Chiligebrauch strapazieren.

Oase auf der ›sündigen Meile‹ – **Tip-Top: ■ Karte 2, H 7,** s. S. 71.

Am Mae Nam Chao Phraya – **Wang Lang: ■ B/C 4,** s. S. 43.

Royal Thai Cuisine

Die Augen essen mit – **Baan Khanitha: ■ M 5,** 36/1 Soi 23, Thanon Sukhumvit, Tel. 02 258 41 81, www.baankhanitha.com, Sky Train: Station Asoke, tgl. 11–23 Uhr, Menü 1200–1800 Baht. In der gediegenen Atmosphäre eines traditionellen Thai-Hauses werden die Gäste mit Gerichten der im 18. und 19. Jh. am Königshof kreierten Palastküche (*ahaan chao wang*) verwöhnt. Da man viel Wert auf Dekoration und Präsentation legt, wirken die Speisen wie kleine Kunstwerke, die man essen kann. Legerer geht es in der **Filiale** zu, wo wochentags ein ›special daily set lunch‹ für 595 Baht angeboten wird: **■ Karte 2, J 7,** 69 Thanon Sathorn Tai, Sathorn, Tel. 02 675 42 00/1, Sky Train: Station Chong Nonsi.

Gehobene thailändische Esskultur – **Blue Elephant: ■ Karte 2, G 8,** 233 Thanon Sathorn Tai, Yannawa, Tel. 02 673 93 53, www.blueelephant.com, Sky Train: Station Surasak, tgl. 11.30–14.30, 18.30–22.30 Uhr, Menü 1400–2000 Baht. Das Restaurant in geschichtsträchtigem Gemäuer (dem ehemaligen Gebäude der Thailändisch-Asiatischen Handelskammer) wird für seine traditionelle Thai-Küche ebenso gerühmt wie für seine aufregenden Eigenkreationen. Perfekte Harmonie bei den Gerichten, beim Service, beim Interieur.

Essbare Blumen – **Ruen Mallika: ■ M 7,** 189 Soi 20, Thanon Sukhumvit, Khlong Toey, Tel. 02 663 32 11, www.ruenmallika.com, Subway: Station Queen Sirikit, tgl. 11–23 Uhr, Menü 1400–1800 Baht. Die Spezialität des stilvoll in Teak möblierten Restaurants, *chan chü busaba* (›Mein Name ist Busaba‹), mag manchen *farang* befremden, ist aber ein traditionelles Gericht der *royal thai cuisine* – knusprig gebratene Rosen, Bougainvilleen und andere Blumen, allesamt frisch gepflückt aus dem hauseigenen Garten.

Königlich speisen zu moderaten Preisen – **Thanying: ■ Karte 2, G 8,** 10 Thanon Pramuan, Bangrak, Tel. 02 236 43 61, www.thanying.com, Sky Train:

Station Surasak, tgl. 11–23 Uhr, Set-Menü 660–990 Baht. In gediegener Atmosphäre genießt man ausgefallene Gerichte der königlichen Küche zu moderaten Preisen. Gut geschultes Personal, optimale optische Präsentation, ausgezeichnete Weinkarte.

Traditionelle Thai-Küche – **The Mango Tree:** ■ **Karte 2, H 7,** 37 Soi Tantawan, Thanon Surawong, Bangrak, Tel. 02 236 28 20, www.coca.com/mango tree, Sky Train: Station Sala Daeng, tgl. 11.30–24 Uhr, Menü 1200–1600 Baht. Aus den Tellern und Tiegeln, die Kellner in einem alten siamesischen Haus oder unter Mangobäumen im Garten auftragen, duftet es nach Koriander und Zitronenblatt. Der Küchenchef versteht es, traditionelle Thai-Gerichte mit raffinierten Würzmischungen zu verfeinern.

Tipp: Nam Tao Huu Yong He Restaurant

Das kleine Lokal mit lokalem Touch und lockerer Atmosphäre liegt etwas versteckt nahe der Sky Train Station Chong Nonsi. Die Einrichtung ist schlicht, die hier zubereiteten nordchinesischen Gerichte aber sind vom Feinsten. Auf der Speisekarte stehen nur chinesische Bezeichnungen mit holpriger englischer Übersetzung. Unbedingt probieren: *xiao long bao* – Suppe mit Maultaschen, die mit Schweinehack- oder Krabbenfleisch gefüllt sind (155 Baht).

■ **Karte 2, H 7,** 68 Thanon Narathiwatrarcharakharin, Bangrak, Tel. 02 635 00 03, Sky Train: Station Chong Nonsi, tgl. 11–22 Uhr, Gerichte 70–230 Baht.

Seafood

Schlichte Einrichtung, aber bestes Seafood – **Kalong Home Kitchen:** ■ **D 1,** 2 Thanon Sri Ayutthaya, Thewet, Tel. 02 281 92 28, Expressboot bis Thewet Ferry Pier, tgl. 11–23 Uhr, Menü 600–800 Baht. Einfaches Terrassenrestaurant am Chao-Phraya-Fluss, doch das Seafood ist wenigstens so gut wie in manchem Restaurant mit großem Namen. Fische und Meeresfrüchte wandern aus Wasserbassins direkt in die Bratpfanne – frischer geht's nicht. Probiertipp: *pla sam-leh mamuang,* ein karpfenähnlicher, gebackener Fisch mit pikantem Salat aus grünen Mangos.

Herrliches Flusspanorama – **Krua Rakhang Thong:** ■ **B/C 4,** s. S. 43.

Prominente Kundschaft – **Lhao Lhao:** ■ **nördl. J 1,** 1271/4–7 Thanon Paholyothin, Phayathai, Tel. 02 271 22 56, Sky Train: Station Ari, tgl. 16–24 Uhr, Menü 1200–1600 Baht. Das beliebte chinesische Restaurant abseits der Touristenviertel ist seit vielen Jahren eine kulinarische Pilgerstätte meist einheimischer Seafood-Fans, darunter auch Minister und hohe Beamte.

Institution für Feinschmecker – **Seafood Market:** ■ **östl. M 7,** 89 Soi 24, Thanon Sukhumvit, Tel. 02 261 20 71-5, www.seafood.co.th, Sky Train: Station Phrom Phong, tgl. 11–24 Uhr, Menü 1400–1800 Baht. Ein wahrer Augen- und Gaumenschmaus: Dutzende Köche braten, brutzeln und grillen, was die Gäste aus einem großen Angebot an auf Eis gelegten Fischen, Meeresfrüchten und weiteren Zutaten auswählen. Den Zubereitungswunsch teilt man beim Bezahlen mit.

Versteckt in Chinatown – **Sieng Kee:** ■ **E 5,** s. S. 55.

Ein Paradies für Freunde von Fisch und Meeresfrüchten: der Seafood Market

Unschlagbar günstig – **Somboon Seafood: ■ Karte 2, G/H 7,** 169/7–12 Thanon Surawong, Bangrak, Tel. 02 233 31 04, www.somboonseafood.com, Sky Train: Station Sala Daeng, tgl. 16–23.30 Uhr, Gerichte 150–500 Baht. Eine von fünf Dependancen einer Restaurantkette, die hervorragendes Seafood zu moderaten Preisen bietet. Eine Reservierung ist nicht möglich, Kreditkarten werden nicht akzeptiert!

Szene und Ambiente

Deftige Kost für Heimwehkranke – **Bei Otto: ■ M 6,** 1 Soi 20, Thanon Sukhumvit, Tel. 02 262 08 92, www.beiotto.com, Sky Train: Station Asoke, tgl. 11–24 Uhr, Gerichte 115–880 Baht. Wen es eher nach Schweinebraten mit Kloß als nach frittierten Schweineohren gelüstet, der ist in Bangkoks ältestem deutschem Restaurant richtig. Im angeschlossenen Delikatessenladen gibt es deutsche Spezialitäten wie Vollkornbrot und Mettwurst.

Gaumenschmaus und Kunstgenuss – **Café Trio: ■ J 5,** 36/11–12 Soi Lang Suan, Pathumwan, Tel. 02 252 65 72, Sky Train: Station Chit Lom, Mo–Sa 18–1 Uhr, Gerichte 150–350 Baht. Kunst- und Essensgenuss zusammenbringen – das ist der Anspruch dieses Bistro-Cafés. Mindestens genauso überzeugend wie die thailändischen, italienischen und mexikanischen Gerichte sind die im Monatsrhythmus wechselnden Ausstellungen thailändischer Maler. Hin und wieder Live-Jazz.

Zeitreise ins alte Siam – **Eleven Gallery: ■ L 5,** 1/34 Soi 11, Thanon Sukhumvit, Tel. 02 651 26 72, www.11-gallery.com, Sky Train: Station Nana, tgl. 11–23 Uhr, Gerichte 90–385 Baht. Ein zweistöckiges traditionelles Teakhaus bildet das Ambiente für das romantische Thai-Restaurant. Man speist ›thai style‹ auf Kissen sitzend an niedrigen Tischchen, für *farangs* gibt es auch Tische und Stühle.

Beste Pizzas – **Madrid Tavern: ■ Karte 2, H 7,** s. S. 70.

Institution auf der Patpong – **Mizu's Kitchen: ■ Karte 2, H 7,** s. S. 70.

Traditionelle Thai-Gerichte – **Once Upon a Time: ■ J 4,** 32 Soi 17, Thanon Petchaburi, Pratunam, Tel. 02 252 86 29, www.onceuponatimeinthailand.com, AC-Bus 505, 511, tgl. 11–24 Uhr, Menü 800–1000 Baht. In diesem Restaurant serviert man sehr gute traditionelle Thai-Küche und einige vietnamesische Gerichte. Großartiges Ambiente in einer urigen Holzvilla. Sehr angenehm sitzt man im üppigen Garten.

Thai Style Nouvelle Cuisine

Aufregende Eigenkreationen – **Hemlock: ■ C 3,** 56 Thanon Phra Arthit, Banglamphoo, Tel. 02 282 75 07, Expressboot bis Phra Arthit Ferry Pier, tgl. 16–24 Uhr, Gerichte 120–360 Baht. Sehr lebendiges Lokal in einem restaurierten ›shophouse mit fusion food‹ jenseits aller Konventionen – der experimentierfreudige Küchenchef gilt als ›junger Wilder‹ der Bangkoker Gastro-Szene.

East meets West – **Maha Naga: ■ M 6,** 2 Soi 29, Thanon Sukhumvit, Tel. 02 662 30 60, www.mahanaga.com, Sky Train: Station Asoke, tgl. 11–14.30, 18–23 Uhr, Menü 1200–1400 Baht. Die kulinarischen Kreationen sind eine Mischung aus klassisch Thailändischem mit einem kräftigen Schuss Italienisch-Französischem – das Resultat ist beste Crossover-Küche. Stimmungsvolles Ambiente in einem alten Thai-Haus.

In Tuchfühlung mit den Wolken – **Sirocco: ■ Karte 2, F 8,** State Tower Bangkok, 1055 Thanon Silom, Bangrak, Tel. 02 624 95 55, www.thedomebkk.com, Sky Train: Station Saphan Taksin, tgl. 18–1 Uhr, Gerichte 510–4990 Baht. 63 Stockwerke über dem Erdboden hat man einen unvergleichlichen Panoramablick über die Stadt. Zu dem Ambiente passen die kreativen Gerichte der leichten ›thai style nouvelle cuisine‹ mit französischem und mediterranem Einschlag. Spektakulärer lässt es sich kaum speisen – und hochpreisiger auch nicht.

Vegetarisch

Vegetarisch-kosmopolitisch – **May Kaidee's: ■ D 2/3,** 33 Thanon Samsen, Banglamphoo, Tel. 02 281 76 99, www.maykaidee, Expressboot bis Phra Arthit Ferry Pier, tgl. 9–22 Uhr, Gerichte 75–250 Baht. Eine von drei Filialen einer kleinen Restaurantkette, die eine große Auswahl an vegetarischen Gerichten aus Thailand und aller Welt bietet.

Moderne vegetarische Küche – **Tamarind Express: ■ H 5,** Fifth Food Avenue 5F, Mah Boon Krong Shopping Complex, Thanon Phayathai, Pathumwan, Tel. 02 251 55 17, www.thefifthfood.com, Sky Train: Station National Stadium, tgl. 10–22 Uhr, Gerichte 80–340 Baht. Unter den vegetarischen Restaurants in Bangkok ragt dieses schnörkellose Lokal im 5. Stock des Mah-Boon-Krong-Einkaufszentrums heraus. Auf der Speisekarte stehen kreative Gerichte, bei denen sich die Aromen der zeitgenössischen Thai-Küche mit mediterranen Einflüssen mischen.

Einkaufen

Shoppingparadies Bangkok

Die Mega Malls, Einkaufszentren und Märkte der Stadt versetzen so manchen in einen Kaufrausch – daher reisen viele Touristen grundsätzlich mit halbleerem Koffer an, um genügend Platz für Mitbringsel zu haben. Besonders preiswert ist Damen- und Herrenbekleidung, von der Stange oder nach Maß. Einen hervorragenden Ruf hat die Thai-Seide.

Shoppingmeilen

Zum Einkaufsbummel verlocken Shopping Center von Weltrang, die sich in der unteren Thanon Sukhumvit, der Thanon Ploenchit, rund um den Siam Square, im Stadtteil Pratunam und in der Thanon Silom konzentrieren. In den Einkaufszentren bekommt man ausgesuchte Markenartikel namhafter Modeschöpfer – oder große Augen, wenn man elegante Thai-Damen beim Geldausgeben beobachtet. Erholung vom Einkaufsbummel bieten Restaurants und Cafés. Alle Shopping-Malls liegen in fußläufiger Entfernung von Sky-Train-Haltestellen. Angenehmer Nebeneffekt: Bei einem solchen Bummel entkommt man dem Lärm, den Autoabgasen und der Hitze in den Betonschluchten. Exklusive Designerläden konzentrieren sich in der Soi 55 (Thong Lo), einer Nebenstraße der Thanon Sukhumvit.

Märkte

Eine gute Gelegenheit, die Stadt von der einheimischen Seite kennenzulernen, bieten Bangkoks Märkte. Obwohl sie oft nicht unter freiem Himmel stattfinden, sondern in geschlossenen Hallen, die etwas vor Sonne und Hitze schützen, kann dort bisweilen schon ein kurzer Einkaufsbummel zu einem Schwitzbad werden.

Nicht versäumen!

Der Chatuchak Weekend Market gehört zu den größten Märkten der Welt (s. S. 66). Eine riesige Auswahl an Souvenirs findet man auf dem täglich in den Abendstunden stattfindenden Asiatique The Riverfront (s. S. 99).

Öffnungszeiten

Faustregel: Einkaufszentren, Kaufhäuser und Supermärkte meist tgl. 10–21 Uhr, kleinere Läden meist tgl. 8/9 bis 21/22 Uhr.

Erstattung der Umsatzsteuer

Thailand erstattet Touristen nach dem Urlaubsshopping die Umsatzsteuer (zzt. 7 %). Bedingungen: Es muss sich um einen Warengesamtwert von mindestens 5000 Baht handeln und jede der vorgelegten Rechnungen mindestens 2000 Baht betragen; der Einkauf muss in einem durch das ›VAT-Refund-for-Tourists‹-Schild gekennzeichneten Geschäft getätigt worden sein, das pro Rechnung auch zwei Refund-Formulare ausfüllen muss. Die Erstattung erfolgt am Refund Counter in den Abflughallen der internationalen Flughäfen.

Antiquitäten

Supermarkt für Kunst und Antiquitäten – **Art and Antique Center: ■ Karte 2, F 6/7,** River City Shopping Complex, 23 Thanon Yotha, Samphan Thawong, AC-Bus 2, 4, 5, 15. Das größte Einkaufszentrum für Kunst und Antiquitäten des Landes mit fast 60 Läden glänzt mit einer riesigen Auswahl an Gemälden und Bronzeskulpturen, Jade und Porzellan, Lackarbeiten und Keramiken, Holzschnitzereien und Schmuck aller Art aus Südostasien. Die Händler sprechen gut Englisch und helfen beim Versand. Jeden ersten Samstag im Monat finden im 4. Stock ab 13.30 Uhr Kunstauktionen statt.

Bücher

Gut sortiert – **Asia Books: ■ L 5,** Thanon Sukhumvit (zwischen Soi 15 und 17), www.asiabooks.com, Sky Train: Station Asoke. Große Auswahl an englischsprachigen Romanen, Sachbüchern, Reiseführern, Fotobänden und Magazinen. Zahlreiche Titel zu Bangkok, Thailand sowie zur Thai-Kultur. Zweigstellen u. a. im Central World Plaza, Thanon Rama I/Thanon Ratchadamri, Pathumwan; in der Soi Thaniya, Thanon Silom, Bangrak, und im Siam Discovery Center, Siam Square.

Computer und Zubehör

Mekka für Computer-Freaks – **Pantip Plaza: ■ J 4,** 147 Thanon Petchaburi, Pratunam, www.pantipplaza.om, AC-Bus 505, 511. Auf fünf Etagen Hard- und Software sowie Computerspiele zu Schnäppchenpreisen. Günstig deshalb, weil man es in der Regel mit Markenpiraterie zu tun hat.

Geschenke, Souvenirs und Design

Bunter Querschnitt – **Asiatique The Riverfront: ■ südl. F 8,** Soi 72–76, Thanon Charoen Krung, Wat Prayakrai District, Tel. 02 108 44 88, www.thaiasiatique.com/en/index.php, Sky Train: Station Saphan Taksin, von dort Shuttleboot, tgl. 17–24 Uhr. Auf diesem Touristenmarkt mit 1500 Läden und Ständen am Ufer des Mae Nam Chao Phraya gleich südlich des Menam Riverside Hotel findet man eine riesige Auswahl an kunsthandwerklichen Souvenirs von Korbwaren über Schmuck bis zu Schnitzereien. Für das leibliche Wohl sorgen zahlreiche Restaurants, Bars und Biergärten, teils mit Livemusik. Zudem gibt es regelmäßig Vorführungen des Calypso Cabaret (s. S. 108) und des Traditional Thai Puppet Theatre (s. S. 111).

Hochwertig und teuer – **Chitralada Shop: ■ Karte 2, F 7,** The Oriental, 48 Oriental Ave., Bangrak, Sky Train: Station Saphan Taksin. Edles Kunsthandwerk zu gehobenen Preisen, angefertigt im Royal Folk Arts & Craft Center in Bang Sai, in dem unter der Schirmherrschaft der Königin Kunsthandwerker ausgebildet werden.

Warnung vor der Ausfuhr von Buddha-Statuen und Leder: Wer Buddha-Statuen ausführen will, erlebt bei der Ausreise eine böse Überraschung – ob echt oder nicht, die Ausfuhr sakraler Gegenstände ist Nicht-Buddhisten untersagt. Ärger mit dem Zoll kann es auch geben, wenn man Artikel aus Krokodilleder oder Schlangenhaut ins Heimatland einführen will, selbst wenn diese nachweislich aus Reptilienfarmen stammen.

Auf dem Thewet Flower Market kann man seltene Orchideenarten erstehen

Edle Handarbeiten aus dem ›Opiumdreieck‹ – **Mae Fah Luang: ■ H 4/5,** s. S. 61.

Spektrum des Kunsthandwerks – **Montien Plaza: ■ Karte 2, H 7,** 50 Thanon Surawong , Bangrak, Sky Train: Station Sala Daeng: Das elegante Shopping Center mit gehobenem Preisniveau bietet auf zwei Etagen eine große Auswahl an Kunsthandwerk ›Made in Thailand‹, darunter Silber- und Lederwaren, Kleinmöbel, Holzschnitzarbeiten, Stoffe und Kleidung aus Seide. Verpackung und Verschiffung der Waren ins Heimatland. Nach dem Einkaufsbummel kann man sich im 3. Stock des Einkaufszentrums zur Entspannung eine traditionelle Thai-Massage gönnen.

Qualitativ hochwertige Produkte – **Silom Village: ■ Karte 2, G 7,** 286 Thanon Silom, Bangrak, www.silomvillage.co.th, Sky Train: Station Surasak, tgl. 10–22 Uhr. In dem ausgedehnten, in traditioneller Teakholzarchitektur errichteten Komplex bieten Boutiquen gediegenes Kunsthandwerk, Leder- und Seidenwaren sowie Schmuck an. Allerdings werden häufig ›Touristenpreise‹ verlangt, daher immer handeln! Ein Blick lohnt sich in den Laden Oriental Treasures mit feinen thailändischen und burmesischen Lackschachteln und -tellern. Hochwertige Seidenstoffe aus Thailand, Laos und Kambodscha gibt es in der Boutique Silom Thai Silk.

Asien trifft Europa – **Thailand Creative and Design Center: ■ östl. M 7,** Emporium Shopping Complex, 6. St., Soi 24, Thanon Sukhumvit, www.tcdc.or.th, Sky Train: Station Phrom Phong, Di–So 10.30–21 Uhr. Wohnaccessoires in einer Melange aus traditionellem Thai-Stil und westlichem Design.

Märkte und Straßenmärkte

Ein Fest für die Sinne – **Der Chatuchak Weekend Market: ■ nördl. J 1,** s. S. 66.

Textilien en gros – **Bobay Market: ■ F 4,** Thanon Krung Kasem, Pom Prap Sattru Phai, AC-Bus 511. Auf dem Großmarkt versorgen sich viele Straßenhändler, die auf Textilien spezialisiert sind. Die meisten Artikel werden en gros verkauft, Einzelstücke sind bisweilen gegen Aufpreis erhältlich. Ein Dutzend Sporthemden gibt es schon für unter 25 €.

Viel Lokalkolorit – **Khlong Toey Market: ■ L 8,** Thanon Rama IV/Thanon Ratchadaphisek, Khlong Toey, Subway: Station Khlong Toey. Wo Bangkoks Hausfrauen und Küchenchefs Obst und Gemüse, Fisch und Fleisch frisch und preiswert kaufen, sind auch Touristen gern gesehen.

Der ›Diebesmarkt‹ – **Nakhon Kasem Market: ■ E 5,** s. S. 53.

Mit dem Flair alter Zeiten – **Old Siam Plaza: ■ D 5,** Thanon Pahurat/Thanon Tri Phet, Pahurat, Expressboot bis Saphan Phut Ferry Pier. Dieses Einkaufszentrum mit historischem Flair, das aus dem ehemaligen Ming-Muang-Markt entstand, verspricht nostalgisches Shopping-Vergnügen. Klein und übersichtlich, mit einer überdachten Markthalle im Zentrum, wirkt es heute auf angenehme Art veraltet. Hervorragender Essensmarkt.

Der indische Textilmarkt – **Pahurat Market: ■ D 5,** s. S. 50.

Obst und Gemüse – **Phak Khlong Market: ■ D 5,** Thanon Chak Phet, Pahurat, Expressboot bis Saphan Phut Ferry Pier. Nachts bringen Barken Berge von Obst und Gemüse aus den ländlichen Gebieten auf dem Mae Nam Chao Phraya zu diesem zentralen Großmarkt nahe der Memorial Bridge. Ein Besuchermagnet und Paradies für Fotografen ist der angeschlossene farbenprächtige Blumenmarkt.

›Basar der Fälschungen‹ – **Patpong Nightmarket: ■ Karte 2, H 7,** Thanon Patpong, Bangrak, Sky Train: Station Sala Daeng, tgl. 17–24 Uhr. Am späten Nachmittag, wenn fliegende Händler ihre Stände aufbauen, gleichen die Patpong und Teile der Thanon Silom einer riesigen Baustelle. Hier werden Plagiate von Markenartikeln angeboten – oft von minderer Qualität, stets aber enorm preiswert. Der Straßenhandel mit Imitationen aller Art blüht jede Nacht auch an der unteren Thanon Sukhumvit.

Nach Maß geschneidert

Von der Stange kaufen können nur Frauen bis Kleidergröße 38, Männer bis Größe 52. Aber maßgeschneiderte Damen- und Herrenbekleidung ist in Bangkok deutlich preiswerter als in Mitteleuropa. An der **Thanon Sukhumvit** (vor allem in Soi 11), der **Thanon Silom** und in den Ladenarkaden vieler großer Hotels haben indische Schneider, die meist Englisch, wenn nicht sogar Deutsch sprechen, ihre Ateliers. Nach Schnittvorlagen oder Katalogbildern nähen sie Hemden, Kleider und Anzüge, oft innerhalb von 24 Stunden. Auch im Billigparadies Bangkok hat Qualität ihren Preis: nicht auf Sonderangebote hereinfallen, auch wenn sie verlockend erscheinen. Bei guten Schneidereien sind mehrere Anproben nötig. Den neuen Dress nicht erst kurz vor dem Heimflug abholen, damit noch Spielraum für Änderungen bleibt.

Die Bangkoker Schneider sind berühmt für ihre schnelle, aber ausgezeichnete Maßarbeit

Plagiate und Textilien – **Pratunam Market: ■ J 4,** Thanon Ratchaprarop, Pratunam, AC-Bus 505, 511, tgl. 9–22 Uhr. In der Gegend um die Baiyoke-Hochhäuser und das Indra Regent Hotel sind selbst die Gehsteige Verkaufsfläche für zahllose Händler, die meist Imitate von Markenwaren anbieten. Im riesigen überdachten Markt gibt es vor allem Textilien.

Der chinesische Markt – **Sampeng Lane: ■ E 5,** s. S. 53.

Alles, was wächst und blüht – **Thewet Flower Market: ■ D/E 2,** Thanon Luk Luang, Thewet, Expressboot bis Thewet Ferry Pier. Auf Bangkoks buntestem Markt explodieren Orchideen und andere Blumen in einem Feuerwerk an Farben. Frauen flechten Jasminkränze, die als Glücksbringer an Rückspiegeln von Autos oder in Geisterhäuschen aufgehängt werden. Als Opfergabe werden Lotosblüten vor Buddha-Statuen niedergelegt.

Mode und Accessoires

Designer-Mode – **Market Place: ■ östl. M 6/7,** Soi 55, Thanon Sukhumvit, Sky Train: Station Thong Lo. Elegante Shopping-Mall auf drei Etagen. Internationale Modemarken, aber auch viele thailändische Firmen.

Guter Service – **Inders Fashion: ■ L 5.** 2 Soi 11, Thanon Sukhumvit, Tel. 02 253 38 65, www.indersfashion.com, Sky Train: Station Nana. Schneiderei mit gutem Ruf und reichem Sortiment an Stoffen. Kostenloser Abholservice zur Anprobe vom Hotel.

Topadresse für trendige Mode – **Platinum Fashion Mall: ■ J 4,** Thanon Ratchadamri/Thanon Petchaburi, Pratunam, AC-Bus 505, 511. Das Einkaufszentrum mit über 1300 Geschäften bietet eine Riesenauswahl. Besonders attraktiv sind die Outlets junger Thai-Designer. Großer Food Court im 5. und 6. Stock.

Fashion Thai Style – **Soi Bank Market: ■ Karte 2, H 7,** Soi 5, Thanon Silom, Bangrak, Sky Train: Station Sala Daeng. Auf dem Markt nahe der Bangkok Bank kaufen Mitarbeiterinnen der umliegenden Büros die neueste Mode zu unschlagbar günstigen Preisen. Der Markt heißt auch Talat Lalai Sab (›Markt des verschwundenen Geldes‹), was heißen soll, dass dort eingekauft wird, bis das Portemonnaie leer ist.

Schmuck

Renommierte Goldgeschäfte in Chinatown – **Hua Seng Heng, Loo Chung Heng Heng Huat, Win Long: ■ E 5,** s. S. 55.

Alteingesessen und renommiert – **Rama Jewelry: ■ Karte 2, F 7,** 987 Thanon Silom/Thanon Surasak, Bangrak, Tel. 02 266 86 54, www.ramajewelry.com, Sky Train: Station Surasak. In dem alteingesessenen Juweliergeschäft erhält man eine gute Qualität, auch Anfertigungen. Im Asian Institute of Gemmological Science prüfen Experten Edelsteine und zertifizieren die Echtheit.

Seide

Modernes Design – **Almeta: ■ M 6,** 20/3 Soi 23, Thanon Sukhumvit, Tel. 02 258 42 27, www.almeta.com, Sky Train: Station Asoke, tgl. 10–18 Uhr. Handgewebte Seidenstoffe sowie Kleidung, Taschen und Wohnraumtextilien aus Seide in einer Mischung aus klassischem Thai-Stil und zurückhaltend modernem Design. Gute Qualität.

The Art of Silk – **Jim Thompson Thai Silk: ■ Karte 2, H 6/7,** 9 Thanon Surawong, Bangrak, Tel. 02 632 81 00, www.jimthompson.com, tgl. 9–21 Uhr, Sky Train: Station Sala Daeng. Das älteste und renommierteste Seidengeschäft der Stadt bietet beste Qualität. Das Angebot umfasst Seidenstoffe sowie elegante Kleidung und Accessoires aus Seide. Dependancen gibt es u. a. in den Einkaufszentren Siam Paragon (Thanon Rama I) und The Emporium (Soi 24).

Einkauf von Gold, Schmuck und Edelsteinen

Bangkoks Goldgeschäfte konzentrieren sich in Chinatown, vor allem in der **Thanon Yaowarat** und in der **Thanon Charoen Krung** (s. S. 53). Eine andere »goldene Meile« erstreckt sich im unteren Teil der **Thanon Silom.** 24-karätiger Goldschmuck wird nach Gewicht verkauft. Die Einheit ist der nicht mit der Landeswährung zu verwechselnde Baht, der etwa 15 g entspricht. Da sich der Preis nach dem aktuellen Goldkurs richtet, unterliegt er Schwankungen.

Ebenso zahlreich wie Goldhändler findet man Juweliere in Bangkok. Berühmt ist vor allem der Rubin- und Saphirschmuck. Da Touristen wiederholt minderwertige Steine verkauft wurden, sollten Laien nur in renommierte Geschäfte gehen. Vertrauenswürdige Händler findet man auf der Homepage der **Thai Gems & Jewelry Association,** die für die Qualität der Edelsteine bürgt (www.thaigemjewelry.or.th). Die dort vereinten Juweliere kann man an einem bestimmten Logo erkennen. Es wird unbedingt davon abgeraten, den Angeboten von Schleppern, die Touristen auf der Straße ansprechen, zu folgen. Meist haben sie unlautere Absichten.

Ausgehen – abends und nachts

Bangkok bei Nacht

Allabendlich stürzen sich über eine halbe Million Einheimische in das Nachtleben der Metropole. Die Möglichkeiten, Spaß zu haben, sind in Bangkok schier unendlich. In den Rotlichtgassen um die Patpong, die vor allem von alleinreisenden ausländischen Männern frequentiert werden, lassen sich die meisten Bangkoker jedoch nie blicken.

Obwohl Prostitution offiziell verboten ist, arbeiten über 300 000 Frauen und Mädchen für Sextouristen aus aller Welt. Sie warten durchnummeriert hinter Spiegelglas in Massagesalons auf Kundschaft oder tanzen in knappen Glitzerbikinis auf den Laufstegen der Go-go-Bars.

Discos, Pubs, Szenelokale

Doch neben den Einrichtungen, die den zweifelhaften Ruf der Stadt geprägt haben, gibt es selbstverständlich auch anspruchsvolle Unterhaltung. Dafür sorgen Jazzclubs und Musikkneipen, Discos mit moderner Lasertechnologie, Mega-Kinos und gestylte Szenelokale, die man weit eher in London oder New York vermuten würde. Bangkok hat sich in den letzten Jahren zu Südostasiens schillernder Szene-City gemausert. Fans nennen die quirlige Metropole in Anlehnung an den ›Big Apple‹ New York liebevoll ›Big Mango‹.

In den meisten Discos verlangt man 250–750 Baht *cover charge* (Eintrittspreis, der in der Regel aber einen oder zwei Drinks beinhaltet). Nachtschwärmer sollten sich nicht zu spät auf den Nightlife-Highway begeben, denn um 2 Uhr beginnt (offiziell) die Sperrstunde. Einige Clubs umgehen diese Regelung aber. Wer in besseren Clubs und Discos ›underdressed‹ erscheint, beißt bei den Türstehern auf Granit ...

Zentren des Nachtlebens

Eine Amüsiermeile mit Bars und Diskotheken für ein eher jugendliches Publikum ist vor allem die Royal City Avenue (▶ östl. M 3, s. S. 106). Gestylte Szenelokale für junge Thais und *farangs* konzentrieren sich im Traveller-Viertel um die Thanon Khao San (▶ D 3). Die niveauvolleren Clubs und Pubs für Gäste gesetzteren Alters findet man in der Soi 11, Soi 55 (Thong Lo) und Soi 63 (Ekamai) sowie der Thanon Sukhumvit (▶ L 5 und östl. M 7).

Gays zieht es vor allem in die Soi 2 und Soi 4, Thanom Silom, die sogenannte ›Soi kathoey‹ (▶ H 7). Go-go-Bars konzentrieren sich in der berühmt-berüchtigten Patpong (▶ H 7, s. S. 69). Vollgepackt mit Go-go-Bars ist auch die Soi Cowboy, ein Amüsierviertel zwischen Soi 21 und Soi 23 der Thanon Sukhumvit (▶ M 6), und die Nana Entertainment Plaza in Soi 4, Thanon Sukhumvit (▶ L 5).

Kulturelle Unterhaltung

Eine Thai-Tanz-Show beim Candle-Light-Dinner gehört zum Programm jeder Pauschalreise. Zudem werden Maskentanz und Tanztheater in Theatern präsentiert, oftmals angereichert mit modernen Musical- und Sound-&-Light-Effekten.

Programminfos

Informationen zum Nachtleben findet man im deutschsprachigen Lifestyle-Magazin »Thaizeit« (www.thaizeit.de), im auf Englisch erscheinenden Stadtmagazin »bangkok 101« und in Broschüren wie »What's on Afterdark«, die in Hotels und Restaurants kostenlos ausliegen.

Ausführliche Veranstaltungskalender, vor allem Tipps zu Live-Musik und anderen Events, findet man auf Internetportalen wie
www.bangkokrecorder.com
www.lastnightinbangkok.com
www.whatsonwhen.com.

Termine, Programme, Kritiken und Berichte zu aktuellen kulturellen Ereignissen, Veranstaltungen und Ausstellungen findet man auch in den Wochenendausgaben der beiden englischsprachigen Tageszeitungen »Bangkok Post« und »The Nation«.

Kartenvorverkauf

Oft ist es schwierig, Tickets für bedeutende kulturelle Veranstaltungen noch an der Abendkasse zu bekommen. Deshalb sollte man sich rechtzeitig über Veranstaltungen informieren und sich an folgende Vorverkaufsstelle wenden:
Thaiticketmajor: Tel. 02 262 34 56, www.thaiticketmajor.com.

Die Agentur akzeptiert Kreditkarten-Buchungen. Die Tickets kann man sich zuschicken lassen oder direkt an der Abendkasse entgegennehmen. Tickets können auch von vielen Reiseagenturen besorgt werden.

Bars und Kneipen

Extraterrestrischer Szenetreff – **Bed Supperclub:** ■ **L 5,** 26 Soi 11, Thanon Sukhumvit, Tel. 02 651 35 37, www.bedsupperclub.com, Sky Train: Station Nana, tgl. 10–2 Uhr. Von außen wirkt der Club wie ein havariertes Raumschiff. Innen fühlt man sich in einen Film von Stanley Kubrick versetzt, wenn einem auf Liegen oder in tiefen Sesseln ruhend zu den Klängen sphärischer Musik mediterrane Gerichte mit asiatischem Einschlag (Set-Dinner 1550–1950 Baht) und fantasievolle Drinks serviert werden. Im angeschlossenen Club kann man die Kalorien abtanzen.

Uriger Szene-Treff – **Cheap Charlie's:** ■ **L 5,** 1 Soi 11, Thanon Sukhumvit, Tel. 02 253 46 48, Sky Train: Station Nana, tgl. 17–24 Uhr. Die Gäste werden auf der Straße stehend von Moskitos zerstochen, das Personal ist mürrisch – kein Mensch kann erklären, warum diese Outdoor-Kneipe seit Jahren ein Szene-Treff für *expats,* Bangkoks ausländische Bewohner, ist. Am billigen Bier (Singha 80 Baht, Chang 70 Baht) allein kann es nicht liegen.

Highlight der Nightlife-Szene – **Nang Len:** ■ **östl. M 6,** 217 Soi 63 (Ekamai), Thanon Sukhumvit, Tel. 02 711 65 65, Sky Train: Station Ekamai, tgl. 18–2 Uhr. »Lass dich nieder und entspanne dich« – so die wörtliche Übersetzung von *nang len.* Dies ist aber allenfalls vor 22 Uhr möglich. Später ist der bei thailändischen Studenten und jungen Ausländern ungemein beliebte Szene-Treff mit Live-Musik immer proppenvoll.

Inoffizielles deutsches Kulturzentrum – **Old German Beerhouse:** ■ **L 5,** 11 Soi 11, Thanon Sukhumvit, Tel. 02 651 38 38, www.old-german-beer

house.com, Sky Train: Station Nana, tgl. 8–24 Uhr. Ein Prosit der Gemütlichkeit! Hier findet die deutsche Gemeinde in Bangkok Nahrung für Körper und Seele. Es gibt Bitburger vom Fass, Erdinger Weißbier und deftige Hausmannskost. Über die Mattscheibe flimmern aktuelle Bundesliga-Videos.

Hippe Bar im Retro-Look – **Q-Bar: ■ L 5,** 34 Soi 11, Thanon Sukhumvit, Tel. 02 252 32 74, www.qbarbangkok.com, Sky Train: Station Nana, tgl. 18–2 Uhr. In dieser trendigen Musikbar mit Retro-Mobiliar aus den 1950er- und 1960er-Jahren und Musik von House über Hip-Hop zu Pop und Jazz treffen sich gut situierte Thais und westliche *expatriates*. Die Gäste erwartet die angeblich längste Getränkekarte von Bangkok.

In Tuchfühlung mit den Wolken – **Sky Bar/Distil: ■ Karte 2, F 8,** State Tower, 1055 Thanon Silom, Bangrak, Tel. 02 624 95 55, www.thedomebkk.com, Sky Train: Station Saphan Taksin, tgl. 18–1 Uhr. Die höchste Freiluftbar der Welt im 63. Stock des 247 m hohen State Tower ›schwebt‹ spektakulär über dem funkelnden Lichtermeer der Metropole – der Rundblick ist atemberaubend! Da kann man es verschmerzen, dass ein kleines Singha-Bier 340 Baht kostet und der billigste Cocktail 600 Baht.

Ideal für den Sundowner – **Sunset Bar: ■ Karte2, F 8,** Shangri-La Hotel, 89 Soi Wat Suan Plu, Thanon Charoen Krung, Bangrak, Tel. 02 236 77 77, Sky Train: Station Saphan Taksin, tgl. 17–20 Uhr. Auch wenn eine Übernachtung in dem 5-Sterne-Hotel das Reisebudget zu sehr strapaziert, einmal sollte man sich einen Sundowner an der Bar am Ufer des Mae Nam Chao Phraya leisten.

Junges Szene-Publikum – **Tapas Room: ■ Karte 2, H 7,** 114/17–18 Soi 4, Thanon Silom, Bangrak, Tel. 02 632 79 82, www.tapasroom.net, Sky Train: Station Sala Daeng, tgl. 20–2 Uhr. Mischung aus Bar und Restaurant, beliebt bei Bangkoks jungen Trendsettern, die in marokkanischem Ambiente, bei House-Musik Bier, Cocktails und Tapas genießen. Do, Fr, Sa Live-Percussion.

Traditionsreich – **The Bamboo Bar: ■ Karte 2, F 7,** s. S. 57.

Nostalgisches Ambiente – **The Diplomat Bar: ■ K 5,** Conrad Hotel, All Seasons Place, 87 Thanon Witthayu, Pathumwan, Tel. 02 690 93 95, Sky Train: Station Ploenchit, So–Do 10–1, Fr/Sa 10–2 Uhr. Im Stil der 1930er-Jahre eingerichtete Bar, deren Inventar und Atmosphäre an Szenen aus Romanen von Graham Greene erinnern.

Die Discomeile RCA: Nicht nur am Wochenende vergnügen sich vorwiegend jugendliche Thais der Mittel- und Oberschicht in den Bars, Pubs und Discos am Entertainment-Strip RCA, kurz für **Royal City Avenue,** der so lang wie die Startbahn des Bangkoker Suvarnabhumi Airport und mindestens ebenso laut ist. Royal City Avenue – RCA: ▶ östl. M 3, Thanon Rama IX, Huay Khwang, Subway: Station Rama 9, tgl. 20–2 Uhr.

Diskotheken

Multikulti-Techno-Club – **Bangkok Bar: ■ D 3,** 149 Soi Ram Buttri, Thanon Chakrawongse, Banglamphoo, Tel. 02 629 44 43, Expressboot bis Phra Arthit Ferry Pier, tgl. 20–2 Uhr. Der Club unterscheidet sich kaum von ähnlichen

Eine angesagte Bar mit großer Getränkeauswahl: die Q-Bar

Adressen in London oder New York. Garage-House wummert mit 120 Dezibel aus der Verstärkeranlage.

Für ›Thirty-Somethings‹ – **Barsu: ■ L 6,** Sheraton Grande, 250 Thanon Sukhumvit, Tel. 02 649 83 58, www.barsubangkok.com, Sky Train: Station Asoke, tgl. 18–2 Uhr. Hipper Dancespot, beliebt bei Ex-Yuppies zwischen 40 und 70.

Hotspot für Szeneasten – **Club Culture: ■ H 3,** 348 Thanon Sri Ayutthaya, Ratcha Thewi, Tel. 02 653 72 16, www.club-culture-bkk.com, Sky Train: Station Phayathai, Di–So 20–2 Uhr. Der neueste Kick für *farangs* und *tuppies,* wie die Thai-Yuppies genannt werden. Die Sound- und Light-Anlagen gelten als die besten der Stadt.

Multi-Entertainment-Center – **Concept CM²: ■ H 5,** Novotel Bangkok, Soi 6, Siam Square, Pathumwan, Tel. 02 209 88 88, www.cm2bkk.com, Sky Train: Central Station (Siam), tgl. 19–2 Uhr. Unter einem Dach findet sich hier für fast jeden Geschmack der passende Club oder die geeignete Bar. Für Frauen ist der Club La Femme reserviert.

Für Techno-Freaks und Raver – **Lucifer: ■ Karte 2, H 7,** 73/1–3 Soi Patpong 1, Thanon Silom, Bangrak, Tel. 02 234 69 02, www.luciferbangkok.com, Sky Train: Station Sala Daeng, tgl. 21–2 Uhr. Im angesagtesten Techno-Tempel der Stadt raven Bangkoks Wohlstandsjugend und Touristen zum perfekt gemischten Sound. Ab 22 Uhr geht in dem Club, in dem Teufelsmasken und Tropfsteine sowie vor allem die infernalische Lautstärke der Musik für ein perfektes ›Höllen‹-Feeling sorgen, die Post ab.

Nightclub on Ice – **Sub-Zero: ■ nördl. M 3,** Esplanade Center, Thanon Ratchadaphisek, Huay Khwang, Tel. 02 354 21 34, Subway: Station Thailand Cultural Centre, tgl. 19–1 Uhr. In dem ungewöhnlichen Club flitzen die Party- und Szenegänger auf einer 682 m² großen Eisbahn unter fluoreszierend-stroboskobischem Discolicht umher – bei Außentemperaturen von 35 °C ein einzigartiges Vergnügen. Schlittschuhe kann man sich ausleihen.

Junges Publikum – **Zest: ■ D 3,** Thanon Khao San, Banglamphoo, Expressboot bis Phra Arthit Ferry Pier, tgl. 20–2

Uhr. Junger Club mit House-Musik und vielen *farang*-Besuchern. Laut und an Wochenenden sehr voll – aber das muss man in Kauf nehmen, will man die besten DJs von Bangkok hören.

Jazz

Jam Sessions – **Foreign Correspondents Club: ■ K 5,** Penthouse, Maneeya Bldg., 518/5Thanon Ploenchit, Pathumwan, Tel. 02 652 05 80, www.fccthai.com, Sky Train: Station Chit Lom, Fr 20–24 Uhr. Freitagabends veranstalten Amateur-Jazzmusiker Jam Sessions im Club der Auslandskorrespondenten. Keine großen Namen, aber das Niveau ist durchgehend hoch.

Jazz und Pizzas – **Niu's on Silom: ■ Karte 2, G 7,** 661 Thanon Silom, Bangrak, Tel. 02 266 53 33/4, www.niusonsilom.com, Sky Train: Station Surasak, tgl. 17–1 Uhr. In der Jazz-Blues-Bar im oberen Stock gibt es abends ab 20.30 Uhr Live-Jazz aller Stilrichtungen. Im Concerto Italian Restaurant im Erdgeschoss serviert man Pasta und Pizzas. Gelegentlich tritt hier Tewan Sapsanyakom auf, Thailands bester Jazz-Saxophonist.

Spitzenjazz jeglicher Stilrichtung – **Saxophone: ■ J 2,** 3/8 Thanon Phayathai, Victory Monument, Phayathai, Tel. 02 246 54 72, www.saxophonepub.com, Sky Train: Station Victory Monument, tgl. 18–24 Uhr. Die alte Dame der Bangkoker Jazz-Szene. Pub-Restaurant mit gemischtem Publikum, das eines gemeinsam hat: Freude an gutem Jazz. Den bieten hier allabendlich ab 21 Uhr einige der Top-Jazzer von Bangkok.

Junger Jazz – **Skytrain Jazz Club: ■ J 2,** 5/F Jo Home Gallery Bldg., Thanon Phayathai, Victory Monument, Phayathai, Tel. 089 895 42 99, Sky Train: Station Victory Monument, tgl. 18–1 Uhr. Cooler Jazz von Nachwuchsmusikern zu eiskaltem Singha-Bier und chilischarfen Thai-Snacks auf der Terrasse eines siebenstöckigen Hauses.

Steaks and Blues – **Tokyo Joe's Blues Bar: ■ östl. M 6/7,** 25/9 Soi 26, Thanon Sukhumvit, Tel. 02 259 62 68, www.tokyojoesbkk.com, Sky Train: Station Phrom Phong, tgl. 17–1 Uhr. *Steaks at their best* zu Live-Blues und -Jazz aller Stilrichtungen (ab 21.30 Uhr). Hier spielen lokale Größen wie die Soi Dog Blues Band und Doctor Blues. Während der Happy Hour von 18–21 Uhr gibt es alle Getränke zum halben Preis.

Kabarett

Ein Fest für die Augen – **Calypso Cabaret: ■ H 4,** Asia Hotel, 296 Thanon Phayathai, Ratchathewi, Tel. 02 653 39 60-2 (9–18 Uhr), Tel. 02 216 89 37-8 (18–22 Uhr), www.calypsocabaret.com, Sky Train: Station Ratchathewi, tgl. 20.15 u. 21.45 Uhr, Tickets: 600 Baht (für Thais), 1200 Baht (für *farangs*). Jede Nacht präsentieren professionelle Travestiekünstler in fantastischen Kostümen ihre Shows – Marilyn Monroe, Tina Turner, Michael Jackson, die Spice Girls und andere, besser als im echten Leben. Spitzenunterhaltung! Immer voll! Früh reservieren!

Travestie-Show im Las-Vegas-Stil – **DJ Station: ■ Karte 2, H 7,** s. S. 70.

Musik-Pubs

Retro-Look – **Brick Bar: ■ D 3,** Buddy Lodge, 265 Thanon Khao San, Banglamphoo, Tel. 02 629 44 77, www.bud

dylodge.com, Expressboot bis Phra Arthit Ferry Pier, tgl. 18–2 Uhr. Ambiente und Atmosphäre erinnern an Liverpool's Cavern Club der 1960er-Jahre. Beliebt bei jungen Thais, regelmäßig Live-Blues.

Beliebter Klassiker – **Brown Sugar: ■ E 3,** 469 Thanon Phra Sumen, Banglamphoo, Tel. 089 499 13 78, www.brownsugarbangkok.com, AC-Bus 503, 508, 512 bis Sanam Luang, tgl. 19–2 Uhr. Die bei Thais und *farangs* beliebte Musikkneipe hat trotz neuer Adresse seit vielen Jahren ihr erfolgreiches Konzept beibehalten: bester Soundmix von Blues über Jazz bis Soul, Reggae und Rock, kaltes Bier vom Fass, fantasievolle Snacks. Live-Bands ab 21 Uhr, vor allem Fr, Sa immer proppenvoll.

Musik-Bar mit Kultstatus – **Radio City ■ Karte 2, H 7,** s. S. 70.

Für Rock-Fans – **The Rock Pub: ■ H 4,** 93/26–28 Hollywood St., Thanon Phayathai, Pathumwan, Tel. 02 251 99 80, www.therockpub-bangkok.com, Sky Train: Station Ratchathewi, tgl. 21.30–2 Uhr. Wer Techno und Rave über hat und zu Heavy Metal und Hard Rock abhotten will, wird hier bestens bedient. Fr–So Live-Bands. Gelegentlich greift hier Lam Morrison, Thailands Guitar King, in die Saiten.

Schwul und lesbisch

Spontane Travestie-Shows – **Guys on Display: ■ Karte 2, H 7,** 60/18–21 Soi Silom 2, Bangrak, Tel. 02 632 80 32, Sky Train: Station Sala Daeng, tgl. 22–4 Uhr. Unter den schrägen Nachtbars in Bangkok ist diese eine der beliebtesten. Gays, Drag Queens, Transvestiten, Strip-Shows gegen Mitternacht.

Heteros willkommen – **Sphinx: ■ Karte 2, H 7,** Soi 4, Thanon Silom, Bangrak, Tel. 02 234 72 49, www.sphinxbangkok.com, Sky Train: Station Sala Daeng, tgl. 19–1 Uhr. Die Bar mit etwas kitschigem, altägyptisch angehauchtem Interieur ist eigentlich eine schillernde Schwulen- und Lesben-Venue. Aber auch Heterosexuelle sind gern gesehen.

Edle Körper-Show – **Tawan Club: ■ Karte 2, H 7,** Soi Tantawan, Thanon Surawong, Bangrak, Tel. 02 234 45 69, Sky Train: Station Sala Daeng, tgl. 20–1 Uhr. Legendärer Laden nur für Männer. Zu vorgerückter Stunde Show-Einlagen von Thai-Boys aus dem Muskelstudio.

Sehen und Gesehenwerden – **Telephone: ■ Karte 2, H 7,** s. S. 70.

For women only – **Zeta: ■ östl. M 3,** 29 Royal City Ave., Thanon Rama IX,

Kino

Filmpaläste wie **Scala** (Tel. 02 251 28 61) und **Lido** (Tel. 02 252 64 98) konzentrieren sich um den **Siam Square (H 5).** Dort findet man auch zwei der luxuriösesten Kinos der Welt: das **Grand EGV Theatre** im **Siam Discovery Center** (Tel. 02 812 99 99, www.egv.com) und das **Paragon Cineplex** im noblen Shoppingtempel **Siam Paragon** (Tel. 02 525 55 55, www.paragoncineplex.com). Gezeigt werden meist in Thai synchronisierte *mainstream movies* aus den USA, Indien und Hongkong sowie einheimische Produktionen, manche davon sind englisch untertitelt. Die Eintrittspreise liegen bei 200–400 Baht.

Die Khon-Tänzer beeindrucken mit prächtigen Kostümen und grazilen Gebärden

Huay Khwang, Tel. 02 203 09 94, www.zetabangkok.com, Subway: Station Rama 9, tgl. 20–2 Uhr. Beliebter Lesben-Club in einer relativ ruhigen Ecke der Amüsiermeile RCA. Zutritt nur für Frauen.

Theater

Hohes Niveau – **National Theatre: ■ C 3,** Thanon Na Phra That, Sanam Luang, Rattanakosin, Programminfo Mo–Fr 8–16.30 Uhr, Tel. 02 221 01 71, AC-Bus 503, 508, 512, Expressboot bis Tha Chang Ferry Pier; bei vielen Veranstaltungen Eintritt frei, bei anderen 150–500 Baht. Hier zeigen Studenten der klassischen Tanztheaterschule des Department of Fine Arts regelmäßig Maskentanz und Tanztheater von höchstem künstlerischem Niveau. Auf dem Programm stehen zudem zeitgenössische thailändische und ausländische Theaterstücke.

Experimentierfreudig und avantgardistisch – **Patravadi Theatre: ■ B 4,** 69/1 Soi Wat Rakhang, Thanon Arun Amarin, Bangkok Noi, Tel. 02 412 72 87/8, www.patravaditheatre.com, Expressboot bis Wang Lang Ferry Pier, 300–800 Baht. Die hier tätigen Regisseure zeigen sich sehr innovativ, vor allem bei der Adaptierung von klassischen asiatischen Dramen. Schauplatz des alljährlich im Januar und Februar stattfindenden Bangkok Fringe Festival. Im angeschlossenen Studio 9 Dining Theatre by The River serviert man am Mae Nam Chao Phraya hervorragende Thai-Gerichte (150–450 Baht). Für die dort freitags und samstags ab 19.30 Uhr dargebotene Tanz-, Artistik- und Percussion-Aufführung sollte man unbedingt reservieren.

Klassische Tanzdramen – **Sala Chalermkrung Royal Theatre: ■ D 5,** Thanon Charoen Krung/Thanon Tri Phet, Pahurat, Tel. 02 225 87 57/8, www.salachalermkrung.com, AC-Bus 506, 529, Fr, Sa 20.30 Uhr, 1000–1800 Baht. Das Art déco-Theater, das bis Mitte des 20. Jh. das größte und modernste Kino von Thailand war, bildet die ideale Kulisse für hochkarätige Aufführungen klassischer Tanzdramen. Zweimal wöchentlich werden Kurzversionen des »Ramakien«-Epos dargeboten.

Schillernde Show – **Siam Niramit: ■ östl. M 2,** Thanon Thien Ruammit/ Thanon Ratchadaphisek, Huay Khwang, Tel. 02 649 92 22, www.siamniramit.com, Subway: Station Thailand Cultural Centre, tgl. 20 Uhr, ab 1500 Baht. Die Geschichte des Königreichs in einer spektakulären, 80-minütigen Show mit 150 Darstellern, die Elemente des klassischen Lakon-Tanztheaters und des traditionellen Khon-Maskentanzes mit modernem Musical und Sound-&-Light-Effekten verbindet.

Dinner with a show – **Silom Village: ■ Karte 2, G 7,** 286 Thanon Silom, Bangrak, Tel. 02 234 45 81, www.silomvillage.co.th, Sky Train: Station Surasak, tgl. 10.30–23.30 Uhr, Set-Menü 875 Baht. Das Restaurant ist eine verlässliche Adresse für erstklassige Thai-Küche. Auf der Bühne von 19.45–20.45 Uhr klassisches Lakon-Tanztheater.

Maskentanz und Puppentheater – **The Traditional Thai Puppet Theatre: ■ J 3,** Aksra Theatre, King Power Duty Free Complex, 8/1 Thanon Rang Nam, Phayathai, Tel. 02 677 88 88, www.thaipuppet.com, Sky Train: Station Victory Monument, tgl. 19.30 Uhr, 900 Baht, Kinder 300 Baht. Sakorn Yangkhiawsod (alias ›Joe Louis‹), National Artist des Jahres 1996, hat das thailändische Puppentheater zu neuem Leben erweckt. In seinem Theater wird auch klassischer Maskentanz gezeigt.

Thai-Boxen

Bei dem *muay thai* genannten **Nationalsport,** der spektakulärsten aller waffenlosen Selbstverteidigungsarten, gilt das Motto »Erlaubt ist, was trifft«. Nicht nur das Gesicht, auch andere empfindliche Stellen des Körpers dürfen mit Fäusten und Füßen traktiert werden. Die Regeln verbieten nur das Allernotwendigste, etwa das Beißen des Gegners. Wenn die Kämpfer aufeinander eindreschen, bis Blut fließt, geraten die oft bis zu 10 000 Zuschauer in den beiden größten Boxstadien von Bangkok total aus dem Häuschen. Jeder Kampf geht über fünf Runden zu je drei Minuten. Die zweiminütigen Pausen dazwischen dienen den Sportlern zur Erholung, die Zuschauer nutzen sie für illegale Wettgeschäfte.

Lumpini Boxing Stadium: ■ K 7, Thanon Rama IV, Sathorn, Tel. 02 251 43 03 und 253 79 40, www.muaythailumpini.com, Di, Fr 18.30–23, Sa 17–20, 20.30–24 Uhr, Sky Train: Station Sala Daeng, Tickets: 1000–1500 Baht in den hinteren Reihen, 2000 Baht am Ring.

Ratchadamnoen Boxing Stadium: ■ E 3, Thanon Ratchadamnoen Nok, Dusit, Tel. 02 281 42 05 und 281 08 79, Mo, Mi, Do 18–21, So 17–21 Uhr, AC-Bus 3, 9, Tickets: 1000–1500 Baht in den hinteren Reihen, 2000 Baht am Ring.

Sprachführer Thai (Bangkok)

Eigentlich ist Thai eine unkomplizierte Sprache, denn die Grammatik ist denkbar einfach. Es gibt weder eine Deklination noch Verb-Endungen oder Zeiten. Auch Artikel kennt man nicht. Dennoch ist die Landessprache für die meisten Besucher ein Buch mit sieben Siegeln, denn Thai ist eine dem Chinesischen verwandte, vorwiegend einsilbige Tonsprache mit fünf Tonstufen, die den Sinn eines Wortes grundlegend verändern können.

Gegen Heiterkeitserfolge bei den Angesprochenen oder peinliche Missverständnisse ist also nur gefeit, wer die Töne richtig trifft. So kann das Wort *maa* je nach Betonung ›kommen‹, ›Hund‹ oder ›Pferd‹ heißen. Bittet man jemanden zu kommen, so könnte man ihn bei falscher Tonhöhe ungewollt als Hund bezeichnen und damit schwer beleidigen. Allerdings wird *farangs* ein solcher Fehler meist nicht übel genommen. Im Gegenteil – Besuchern, die sich die Mühe machen, einige Wendungen der Thai-Sprache zu erlernen, öffnen sich die Herzen und Türen der Einheimischen.

Wichtig: die Verwendung des Höflichkeitspartikels *kha* (wenn eine Frau spricht) und *khrap* oder *khap* (wenn ein Mann spricht), das an das Satzende angehängt wird. Obwohl man in Bangkok (nicht aber außerhalb der Metropole) mit Englisch kaum Verständigungsprobleme haben wird, kann es sinnvoll sein, sich vor Fahrten mit öffentlichen Verkehrsmitteln den Namen des Ziels in Thai-Schrift notieren zu lassen.

Sehr nützlich für unterwegs: Martin Lutterjohann, Thai Wort für Wort, Kauderwelsch Band 19, Reise Know-How Verlag, Bielefeld, 2007.

Begrüßung und Höflichkeit

Guten Morgen/Tag/ Abend/Auf Wiedersehen	sawat-dee kha (Sprecherin = Frau), sawat-dee khrap (Sprecher = Mann)
Auf Wiedersehen (förmlich)	lääo phop gan mai na kha/khrap
Wie geht es Ihnen?	khun sabaai-dee mai kha/khrap?
Danke, gut	sabaai-dee khoop-khun kha/khrap
Und Ihnen?	lääo khun la?
Viel Glück!/ Alles Gute!	tschook dee na kha/khrap!
Ich freue mich, Sie/dich kennenzulernen.	jin-dii thii daai ruud jak khun.
Bitte ziehen Sie die Schuhe aus!	broot thoot roong thaao!

Reise und Verkehr

Ich möchte gern nach ... fahren	tschan/phom jaak-dscha bai ...
Bitte bringen Sie mich nach ...	tschuai paa tschan/ phom bai ...
Was kostet die Fahrt nach ...?	bai ... thaorai?
Wie komme ich nach ...?	bai ... jangngai?
Wie lange dauert es bis ...?	bai ... tschai weelaa thaorai?
Wie heißt diese Straße?	thanon nii tschü arai kha/khrap?
Wo, wohin, wann?	tiinai, nai, müarai?
Geradeaus	drong bai
Rechts abbiegen	liao khwaa
Links abbiegen	liao sai
Halten Sie hier!	yut drong nii!
Bus, Zug, Boot	rot mee, rot fai, rüa
Busterminal	sataanii rot mee
Bahnhof	sataanii rot fai
Hafen	thaa rüa
Von wo fährt der Bus nach ... ab?	rot mee bai ... ook dschaak tiinai?
Bitte rufen Sie mir ein Taxi!	tschuai riak rot thäk si hai nooi!
Wo ist eine Toilette?	hoong naam juu tiinai?
Wo ist ein Telefon?	thoorasap juu tiinai?
Wann ist ... geöffnet?	... pööt pratu kii moong?
Wie spät ist es?	gii moong lääo kha/khrap?
Polizei/Krankenhaus/ Arzt	tamruat, roong pah-jahban, moo

Apotheke	raan khai jaa
Kann man hier sicher schwimmen?	blootphai waai naam daai mai?

Unterkunft und Restaurant

Wo gibt es ein gutes Hotel?	roong rääm dee juu tiinai?
Haben Sie freie Zimmer?	mii hoong waang mai?
Kann ich das Zimmer sehen?	khoo duu hoong gon daai mai?
Haben Sie noch andere Zimmer?	mii hoong iik mai?
Ich möchte ein Einzelzimmer.	tschan/phom doong gaan hoong diao.
Wo gibt es ein gutes Restaurant?	raan aahaan dee juu tiinai?
(Nicht) scharf	(mai) phet
Das Essen schmeckt gut.	aahaan aroi.
Zahlen, bitte!	tschek bin!

Einkaufen

Geschäft, Markt	raan, talaat
Gibt es?	mii .... mai?
Ich suche ...	tschan/phom haa ...
Wie viel kostet das?	an-nii thaorai?
Das ist zu teuer.	an-nii phääng bai.
Können Sie mit dem Preis etwas heruntergehen?	lot rakaa nooi daai mai kha/khrap?
Haben Sie noch etwas anderes?	mii iik mai?

Zahlen

1	nüng
2	soong
3	saam
4	sii
5	haa
6	hok
7	tjet
8	bäät
9	kao
10	sip
11	sip et
12	sip-soong
13	sip-saam
14	sip-sii
15	sip-haa
16	sip-hok
17	sip-tjet
18	sip-bäät
19	sip-kao
20	jii-sip
30	saam-sip
100	(nüng) rooi
200	soong rooi
300	saam rooi
1000	(nüng) phan
2000	soong phan
3000	saam phan
10 000	(nüng) müün
100 000	(nüng) sään
1000 000	(nüng) laan
2553	soong phan haa rooi haa-sip saam

Wichtige Wörter und Sätze

Ich tschan (bei Frauen), phom (bei Männern)
Ja/nein tschai/mai tschai
Herr, Frau, Fräulein, Sie, du khun
Was ist das? an-nii arai kha/khrap?
Wie heißen Sie? khun tschü arai kha/khrap?
Mein Name ist ... tschan/phom tschü ...
Woher kommen Sie? khun maa dschaak nai kha/khrap?
Wohin gehen Sie? khun dscha bai nai?
Darf man fotografieren/rauchen? taai-ruup/suup-burie daai mai kha/khrap?
Ich bitte um Entschuldigung. khoo-thoot kha/khrap.
Bitte sehr, keine Ursache. mai pen rai kha/khrap.
Danke! khoop-khun kha/khrap
Bitte helfen Sie mir! Hilfe! tschuai nooi si kha/khrap! tschuai duai!
Bitte schreiben Sie dieses Wort auf. garunaa kiian kam nii hai nooi.
Achtung! Vorsicht! rawaang!
Verstehen Sie? (khun) khao-dschai mai?
Ich verstehe nicht. (tschan/phom) mai khao-dschai.
Ich habe verstanden. (tschan/phom) khao-dschai lääo.
Wie bitte? arai na kha/khrap?
Sprechen Sie Englisch? (khun) phuut phasaa angkrit daai mai?
Ich spreche kein Thai. (tschan/phom) phuut thai mai daai.
Ich spreche ein wenig Thai. (tschan/phom) phuut thai daai nitnoi.

Kulinarisches Lexikon

Frühstück

khai luak/tom	weich/hart gekochtes Ei
khai khon	Rührei
khai taao	Spiegelei
khai thoot	Omelett
khai yat sai	Omelett, gefüllt mit Gemüse
khanompang ping	Toastbrot
khaao tom (gai, muu ...)	Reissuppe (mit Huhn, Schweinefleisch ...)

Vorspeisen

khanompang naa muu	Toastbrot mit Schweinehack und Sesamkörnern
pbo pbia thoot	gebratene Frühlingsrollen
thoot man plaa	gebratene Fischküchlein
thoot man gung	gebratene Garnelenküchlein

Suppen

gääng djüüt	milde Suppe mit Blattgemüse und Fleisch
gääng liang	Gemüsesuppe
tom khaa gai	Hühnersuppe mit Kokosnussmilch und Galgant, dem »siamesischen Ingwer«
tom yam gai	sauer-scharfe Hühnersuppe
tom yam gung	sauer-scharfe Garnelensuppe

Currys

gääng khiao waan	sehr scharfes, grünes Curry
gääng massaman	mildes Curry mit Kartoffeln und Erdnüssen
gääng panäng	scharfes Curry mit Bambussprossen
gääng phet däng	scharfes, rotes Curry
gääng djae	vegetarisches Curry

Fleisch, Fisch, Meeresfrüchte

gai	Hühnerfleisch
muu	Schweinefleisch
nüa	Rindfleisch
ped	Entenfleisch
plaa	Fisch
plaamük	Tintenfisch
gung	Garnele
puu	Krebs
hoy	Muschel

Zubereitungsarten

nüng	gedünstet
phat	kurz angebraten
thoot	gebacken, frittiert
tom	gekocht
yaang	gegrillt

Reis- & Nudelgerichte

ba mii	Eiernudeln aus Weizenmehl (gelblich)
ba mii nam (gai ...)	Suppe mit Eiernudeln (und Huhn ...)
khaao plaao/khaao suai	gekochter Reis
khaao niao	Klebreis
khaao phat (gai, gung ...)	gebratener Reis (mit Huhn, Garnelen...)
guai tiao	Reisnudeln (weiß)
guai tiao nam (gai, muu ...)	Suppe mit Reisnudeln (und Huhn, Schweinefleisch ...)
guai tiao rad naa (gai, muu ...)	knusprig gebratene Reisnudeln (mit Huhn, Schweinefleisch ...)
phat thai (sai gung)	gebratene Nudeln nach Thai-Art (mit Garnelen)

Salate

laab (gai, muu, nüa, plaa ...)	warmer, chilischarfer Hackfleischsalat (von Huhn, Schwein, Rind, Fisch ...) mit Pfefferminzblättern
nüa nam tok	Rindfleischsalat mit Basilikum

somtam	pikanter Salat aus geraspelten, grünen Papayas, Cocktailtomaten, Knoblauch, Chilis, Erdnüssen, Zitronensaft, zerstoßenen Trockengarnelen, Fischsauce und Krabbenpaste
yam nüa	Rindfleischsalat mit Koriander
yam plaamük	Tintenfischsalat
yam som-oo	bitterscharfer Pomelo-Salat
yam wunsen (gai, muu ...)	Glasnudelsalat (mit Huhn, Schweinefleisch ...)

Nachspeisen & Snacks

khaao laam	süßer oder salziger Klebreis mit Kokosmilch und schwarzen Bohnen in Bambushülsen
khaao niao mamuang	süßer Klebreis mit Kokosmilch und frischen Mangos
kluai buat chii	Bananen in Kokosmilch
kluai thoot	gegrillte Bananen

Obst

farang	Guave
khanun	Jackfruit
kluai	Bananen
malako	Papaya
mamuang	Mango
mangkut	Mangosteen
saparot	Ananas
som	Orange/Mandarine
som-oo	Pomelo

Getränke

bia	Bier
chaa	Tee
gafää	Kaffee
lao	alkoholische Getränke
nam (yen)	(Eis-)Wasser
nam manao	Zitronensaft
nam maprao	Kokosnuss-Saft
nam som	Orangensaft (frisch gepresst)
nom (sot)	(frische) Milch

Spezialitäten auf der Speisekarte

gai phat baikrapao	gebratenes Hühnerfleisch mit thailändischem Basilikum
gai phat metmamuang	gebratenes Hühnerfleisch mit Cashewnüssen
gai phat noomay gap het	gebratenes Hühnerfleisch mit Bambussprossen und Morcheln
gai takrai	Hühnerbrust an Zitronengras
gai yaang	gegrilltes Hähnchen
khaao man gai	Reishähnchen mit pikanter Ingwer-Sauce
gung nüng grathiam phak chii	gedämpfte Garnelen mit Knoblauch und Koriander
muu phat khing	gebratenes Schweinefleisch mit Ingwer
muu thoot grathiam phrikthai	Schweinefleisch mit Knoblauch und Chilis
muu priao waan	Schweinefleisch süßsauer
nüa phat nam manhoy	gebratenes Rindfleisch mit Austern-Sauce
ped op nam püng	Ente gebacken mit Honig und Thai-Gewürzen
phat noomay sai khai	gebratene Bambussprossen mit Eiern
phat phak ruam mit	gemischtes gebratenes Gemüse
plaamük yat sai	Tintenfisch, gefüllt mit Gemüse und Schweinehack
plaa thoot	gebackener Fisch
sate (gai, muu ...)	Fleischspießchen (von Huhn, Schwein ...) mit Erdnuss-Sauce

Register

Accessoires 102
Almeta 103
Almosengang 8, **48**
Amarindra Vinichai Hall 30
Amazing Bangkok Cyclist 24
Amphawa 80
Amphawa Floating Market 80
Amporn Phimok Prasat 30
Amulett- und Antiquitätenmarkt 68
Ananda Samakhom Throne Hall 47
Anantara Bangkok Riverside Resort & Spa 22
Ancient City 78
Angelina 91
Anreise 16
Antiquitäten 69, **99**
Apotheken 19
Art and Antique Center 99
Arun Residence 88
Arzt 19
Asia Books 99
Asiatic The Riverfront 99
Assumption Cathedral 57
Atlanta Hotel 87
Ayutthaya 14, **76**
Ayutthaya Historical Study Center 77

Baan Bu 41
Baan Khanitha 94
Baht 18
Baiyoke 2 Tower 72
Banana House 91
Bang Pa-In 76
Bangkok Art and Culture Centre 61
Bangkok Bar 106
Bangkok Bike Rides 24
Bangkok Butterfly Garden 20
Bangkok Pride Week 18
Bangkok Tourist Center 19
Banglamphoo 6
Bangrak 6
Banken 22
Banyan Tree Hotel 22
Barkenmuseum 41
Bars 105
Barsu 107
Basar der Fälschungen 101
Bed Supperclub 105
Begrüßung 11
Behörden 22
Bei Otto 96
Benjasiri Park 74
Blue Elephant 94
Blumenmarkt 67
Bobay Market 101
Body Tune 23
Bootstouren 40, 75
Boromabiman-Gebäude 30
Bot 29
Botschaften 17
Bouchon 70
Brick Bar 108
Brown Sugar 109
Bücher 99
Buddhaisawan-Kapelle 44
Buddha-Statuen 99
Buddhismus 8
Buddy Lodge 87
Buffalo Village 80

Cabbages & Condoms 93
Café Trio 96
Calypso Cabaret 99, 108
Central Chit Lom Shopping Mall 92
Central Shopping Center 55
Chakri Maha Prasat 30
Chakri-Dynastie 14
Chandra Kasem 77
Chao Phraya Tourist Boats 75
Chao Sam Phraya National Museum 77
Chatuchak Park 75
Chatuchak Plaza 68
Chatuchak Weekend Market 66
Cheap Charlie's 105
Chedi 29
Children's Discovery Museum 20
Chinatown 6, **52**
Chinese New Year 18
Chinese Pavilion 59
Chitralada Palace 48
Chitralada Shop 99
Chote Chitr 91
Chuan Aroy 43
Club Culture 107
Coca Suki Restaurant 93
Computer 99
Concept CM² 107
Cooking with Poo 20
Country Resort 79
Crêpes & Co 91
Crocodile Farm 78
Curries & More 94

Damnoen Saduak 79
Democracy Monument 46
Design 99
Diplomatische Vertretungen 17
Diskotheken 106
DJ Station 70
Dream Bangkok 88
Dream World 20
Dusit 6, **46**
Dusiz Zoo 47
Dusit Thani Hotel 22, **59**

Eat me 92
Einreise 17
Elefantendressuren 79
Elefantenpark 79
Elephant Village 83
Eleven Gallery 96
Erawan Shrine 62
Expressboote 23

Face 92
Fashion Week 18
Federal Hotel 87
Feiertage 17

Fest am Golden Mount 18
Feste 17
Festival of Music 18
Festivals
Fitness 22
Floating Markets 79
Flughafen 16
Food Courts 92
Foreign Correspondents Club 108
Freibad 59
Furama Silom 89

Gallery of Thai History 45
Geld 18
General Post Office 57
Geschenke 99
Glückssteine 35
Golden Mount 34
Goldshopping 55, 103
Grand EGV Theatre 109
Grand Palace 28
Guangdong Temple 54
Guys on Display 109

Harun Mosque 57
Hemlock 97
Himali Cha Cha 92
Holy Rosary Church 56

Ibrik Resort by the River 89
Inders Fashion 102
Issarawinitchai Hall 45

Jazz 108
Jim Thompson House 63
Jim Thompson Thai Silk 103
Joggen 23
Jomtien Beach 81

Kabarett 108
Kalawa Church 56
Kalong Home Kitchen 95
Kamthieng House 72
Keramikwaren 68
Khlong Lud Ma Yom Floating Market 42
Khlong San Sap 64
Khlong Toey Market 101
Khlongs 40
King Prajadhipok Museum 74
King Rama IX Royal Park 75
King's Castle 69
King's Corner 69
Kinos 109
Klima 21
Kneipen 105
Ko Kret 76
Kochkurse 21
Kommunikation 21
König Bhumipol Adulyadej 9, **15**
König Chulalongkorn 14, **46**
König Mongkut 14
König Prajadhipok 74
Königspalast 28
Königstiger 83
Kopf- und Fußtabus 11
Krankenhaus 19
Krokodilfarm 79
Krönungs- und Audienzhalle Dusit Maha Prasat 30
Krönungssaal 30
Krua Khunkung 31
Krua Rakhang Thong 43
Künstlerateliers 68

Lak Muang 32
Lanna Thai Pavilion 59
Lee Thi Miew Temple 54
Leihwagen 25
Leng Noi Yee Temple 53
Lesbisch 109
Lhao Lhao 95
Lido 109
Little India 50
Loha Prasat 34
Loy Krathong 18
Lucifer 107
Lumpini Boxing Stadium 111
Lumpini Food Court 59
Lumpini Hall 59
Lumpini Park 58

Madame Tussauds 61
Madrid Tavern 70
Mae Fah Luang 61
Mae Nam Chao Phraya **40,** 75
Mah Boon Krong Department Store 65
Mah Boon Krong Shopping Complex 60, **92**
Maha Naga 97
Mai pen rai 13
Makha Pucha 18
Market Place 102
Märkte 100
Maßschneidereien 101
May Kaidee's 97
Meerwasser-Aquarium 83
Mietwagen 25
Million Years Stone Park 83
Mini Siam 83
Mizu's Kitchen 70
Mode 102
Mondhop 29
Montien Plaza 99
Münz- und Dekorationssammlungen 30
Museum of Forensic Medicine 74
Museum of Siam 38
Museum Ripley's – Believe it or not 82
Music Café 70
Musik-Pubs 108

Nakhon Kasem Market 53
Nam Tao Huu Yong He Restaurant 95
Nang Len 105
National Art Gallery 74
National Museum Volunteers 45
National Theatre 110
Nationalmuseum 44
Navy Club 77 31
New Siam Riverside Guest House 87
Niu's on Silom 108
Nong Nooch Village 83
Notruf 23

Old German Beerhouse 105
Old Siam Plaza 101
Old Transportation Gallery 45
Once Upon a Time 97
Orchideengarten 80

Pahurat Market 50
Pahurat 6

Pantip Plaza 99
Paragon Cineplex 109
Pathum Thani 76
Pathumwan 7
Patpong 69
Patpong Nightmarket 69, **101**
Patravadi Theatre 110
Pattaya 81
Pattaya Beach 81
Pattaya Crocodile Farm 83
Pavillon Aisawan Thi Phaya At 76
Phak Khlong Market 101
Phra Buddha Chinasara 35
Phra Buddha Singh 44
Phra Sri Ratana 29
Phra Vihara Yod 29
Phra-Maha-Montien-Komplex 30
Phu Fah Café 62
Platinum Fashion Mall 102
Platz der Könige 28
Prang 29
Prasat 29
Prasat Phra Thepidorm 29
Pratunam 7
Pratunam Market 102
Punjabi Dhaba 51

Q-Bar 106
Queen's Castle 69

Radio City 70
Radtouren 24
Rama Jewelry 103
Rama Park 76
Ramakien-Wandmalereien 41
Ratchadamnoen Boxing Stadium 46, **111**
Rattanakosin 6, **50**
RCA 106
Recreational Bangkok Biking 24
Reisezeit 21
Reiterstandbild von König Chulalongkorn 46
Restaurant Blue Elephant 21
Rishi-Statuen 36
Rommani Nart Park 33
Rose Garden 79
Royal City Avenue 106
Royal Folk Arts & Craft Center 76
Royal India Restaurant 51
Royal Orchid Sheraton 22
Royal Regalia and Gold Treasures Gallery 45
Royal Thai Navy Club 30
Ruen Mallika 94
Ruhender Buddha 36

Sabai 12
Sabai Lodge 83
Safari World 20
Sala 29
Sala Chalermkrung Royal Theatre 111
Salathip 92
Sam Sen Pavilion 59
Sampeng Lane 53
Samphran Elephant Ground & Zoo 79
Sanam Luang 28, 32
Sanctuary of Truth 82
Sanuk 12
Sao Ching Cha 6, **33**
Saxophone 108
Scala 109
Schmetterlingsgarten 80
Schmuck 103
Schneidereien 51
Schwimmen 23
Schwimmende Märkte 79
Schwul 109
Seafood Market 95
Seide 103
Seven 89
Seven Eden Spa 23
Sexshops 71
Shopping Center Old Siam Plaza 51
Si Racha Tiger Zoos 83
Siam 14
Siam Center 60
Siam Discovery Center 60
Siam Niramit 111
Siam Ocean World 61
Siam Paragon 61
Siam Park 20
Siam Society 72
Siam Square 60
Siam@Siam 89
Sieng Kee 55
Silom Village 100, **111**
Siri Guru Singh Sabha 51
Sirocco 97
Sky Bar/Distil 106
Sky Train 16, **23**
Skytrain Jazz Club 108
Smaragd-Buddha 28
Snake Farm 20
Soi Bank Market 103
Soi kathoey 70
Somboon Seafood 96
Sommerresidenz der Ayutthaya-Könige 76
Songkran 18
Souvenirs 67, 99
Sphinx 109
Sri Mariamman Temple 74
Stable Lodge 87
Stadtbusse 24
Stadtrundfahrten 25
Strand 81
Stupa 29
Suan Pakkard Palace 72
Subway 23
Sub-Zero 107
Sukhothai 14
Sukhumvit 7
Sunset Bar 106
Supatra River House 92
Suvarnabhumi International Airport 16

Tai-Chi 58
Taling Chan Floating Market 42
Ta-Ling-Pling 94
Talismane 35
Tamarind Café 97
Tamnak Daeng 44
Tapas Room 106
Tarntawan Place Hotel 88
Tawan Club 109
Taxis 16, **25**
Telephone 70
Tempel der Morgenröte 73
Temple of the Emerald Buddha 28
Textilien 51, **67**
Tha Khu Floating Market 79
Thai Cultural Show 83

Thai Gems & Jewelry Association 103
Thai House 20
Thai-Bauerndorf 80
Thai-Boxen 111
Thailand and China Friendship Pavilion 59
Thailand Creative and Design Center 100
Thai-Massage 37, **68**
Thai-Medizin 37
Thanon Charoen Krung 53, 56
Thanon Yaowarat 53
Thanying 94
The Bamboo Bar 106
The Diplomat Bar 106
The Mango Tree 95
The Oriental Hotel 22, **57**
The Rock Pub 109
The Shed of the Royal Barges 41
The Siam Heritage 89
The Sukhothai 89
The Traditional Thai Puppet Theatre 100, 111
Theater 110
Theravada-Buddhismus 14
Thewet Flower Market 102
Thompson, Jim 63
Thonburi 7, 40
Thronsaal 30
Tip-Top 70
Tokyo Joe's Blues Bar 108
Tripitaka 29
Tropengarten 83
Tuk-Tuks 25

Umsatzsteuer 98
Underwater World 83

Varophat Phiman 76
Viengtai Hotel 88
Vihara 29
Vihara Phra Non 37
Vimanmek Palace 47
Visakha Pucha 18
Visechaisri-Tor 28
Vishnu Mandir Temple **51**
Vivi – The Coffee Place 39

Wai 11
Wang Lang 43
Wang-Na-Palast 44
Wasserbüffel 80
Wasserbüffelrennen 80
Wat 29
Wat Amarin Traram 41
Wat Arun 73
Wat Benchamabophit 47
Wat Bowonniwet 34
Wat Chakrawat 52
Wat Indraviharn 74
Wat Khaek 74
Wat Khanikaphon 54
Wat Mahathat 35, 77
Wat Pailom 76
Wat Phanan Choeng 77
Wat Pho Thai Traditional Medical and Massage School 37
Wat Pho 36
Wat Phra Kaeo Museum 30
Wat Phra Kaeo 28
Wat Phra Si San Phet 77
Wat Rakhang Khositaram 40
Wat Ratchabophit 32
Wat Ratchaburana 77
Wat Ratchanatda 34
Wat Sakhet 34
Wat Sapan Floating Market 42
Wat Suthat 33
Wat Suwannaram 41
Wat Thepthidaram 34
Wat Traimit 54
Wellness 22
World Film Festival 18

Yaowarat 52

Zest 107
Zeta 110
Züge 25

Unterwegs mit Roland Dusik
Roland Dusik ist Journalist, Buchautor und Fotograf, versteht sich zuallererst aber als wissbegieriger Reisender und ›Entdecker‹. Auch in Bangkok, wo er mit seiner thailändischen Ehefrau ein Jahr lebte, entdeckt er immer wieder Neues: ein verstecktes Boutiquehotel am Fluss, einen bei thailändischen Studenten beliebten Szene-Treff mit Livemusik oder ein kleines Restaurant, dessen Besitzerin einst als Köchin am Königshof arbeitete. Am meisten beeindruckt ihn an Bangkok »die tiefe Spiritualität der Thailänder«, ihre Verwurzelung im ›Volks‹-Buddhismus, in dem die Basis für ihre Gelassenheit und Geduld liegt.

Abbildungsnachweis
DuMont Bildarchiv, Ostfildern: S. 28, 36, 40, 60, 72, 73, 76, 77, 88, 98, 104, 107, 110 (Sasse)
iStockphoto, Calgary (Kanada): S. 48 (Exterior)
laif, Köln: S. 4/5 (Bialobrzeski); 64 (Dosier); 9, 54, 100 (Durruty/Rapho/Hoa-qui/Eyedea Illustration); Umschlagrückseite, 52, 69, 84/85, 90, 93 (hemis.fr); 58 (Heuer); 96 (Hoffmann); 32 (Huber); 38 (Humphries); 46 (Jonkmanns); 102 (Kirchgessner); 67 (Kirchner); 10 (Lewin); 7 (Lussot); 26/27 (Modrow); 50 (Pignatelli); 86, (Redux); 63 (Tixador)
Look, München: Titelbild (Fath)
Mauritius, Mittenwald: S 5/6 (age); 44 (Harding); 82 (Photononstop); 81 (Vidler); Umschlagklappe vorn (Warburton-Lee)
Nipon Metwattanakarn, Bangkok: S. 120

Kartografie
DuMont Reisekartografie, Fürstenfeldbruck

Umschlagfotos
Titelbild: Basketballspiel vor dem Wat Phra Kaeo
Innenklappe: Dämon am Wat Arun

Hinweis: Autor und Verlag haben alle Informationen mit größtmöglicher Sorgfalt geprüft. Gleichwohl sind Fehler nicht vollständig auszuschließen. Alle Angaben erfolgen ohne Gewähr. Bitte schreiben Sie uns! Über Ihre Rückmeldung zum Buch und Verbesserungsvorschläge freuen sich Autor und Verlag:
DuMont Reiseverlag, Postfach 3151, 73751 Ostfildern,
info@dumontreise.de, www.dumontreise.de

2., aktualisierte Auflage Auflage 2013

Redaktion/Lektorat: Anne Winterling
Grafisches Konzept: Groschwitz/Blachnierek, Hamburg
Printed in Germany